가족이라는 한 단어를 이렇게 잘 설명하는 책이 또 있을까? 누가 낳았는가보다 어떻게 사는가로 가족이 만들어진다. '무슨 일이 일어날지 아무도 모르는 인생'이지만, 사랑은 그 길을 걷게 한다. 바로 그 사랑으로 가득 찬 똘끼로 삶의 두려움을 깨트리며 자라 가는 가족과, 희은이라는 우주가 건네는 말 한마디, 문장 한 줄은 편견 가득한 인간을 깨는 망치소리다. 즐겁기도 하고 아프기도 한 가족이 삶을 함께 통과하는 것이 너무나 생경해진 시대에 참 좋은 책이 나왔다. 사랑하며 사는 삶, 잘 사는 삶에 대해 고민하는 이들에게 이 책을 추천한다.

김병년 다드림교회 목사, 『난 당신이 좋아』 저자

한 부모 또는 조손 가정의 아동과 청소년을 어른 친구와 연결해 주고 성인이 될 때까지 만날 수 있도록 돕는 러빙핸즈멘토링사업을 진행하면서, 더 권하고 싶은 일이 입양이라고 늘 이야기해 왔다. 쉽지 않은 길을 먼저 걸었을 뿐 아니라 기쁨과 어려움까지도 진솔하게 나누는 이 책이 나에게 더 의미 있고 감사한 이유다. 저자는 '너를 만난' 것이 인생에서 가장 잘한 일이라고 자랑한다. 이런 자랑이라면 얼마든지 함께 소문내고 싶어진다. 더불어 나의 인생에서 가장 잘한 일이 무엇인지 곰곰이 생각해 보게 된다. 이 책을 읽는 모든 독자들 또한 그럴 거라고 믿어 의심치 않는다.

박현홍 러빙핸즈 대표

입양은 한 가정에 진실로 사랑의 나눔이 이루어지는 공동체를 선물한다. 저자의 입양 경험은 평범한 가족이 희은이라는 새로운 우주를 맞아들임으로써 신비로운 세상을 발견하도록 해 주었다. "나는 지금의 우리 가족과 죽을 때까지 가족으로 함께 살 거다"라는 희은이의 고백은 너무나 귀하며 그 감동이 크다. 독자들은 이 책을 통해 입양이라는 아름다운 우주 속으로 들어가게 될 것이다.

스티브 모리슨 미항공우주국 수석 연구원, 한국입양홍보회 설립자

많은 분들이 나에게 묻는다. 배 아파 낳은 아이와 가슴으로 낳은 아이가 진짜 똑같은지를…. 궁금하신 분들은 이 책을 읽어 보시면 좋겠다. 그 대답뿐 아니라 입양에 대해서도 자세히 알 수 있는 교본 같은 책이다. 한 번도 만난 적 없는 희은이네 가족이 친근하게 느껴진다. 아마 입양은 우리가 생각하는 가족 이상의 더 큰 가족을 만들어 주는 듯하다. 이 책을 통해 더 많은 분들이 그 큰 가족의 울타리 안에 함께 거하게 되기를 바란다.

신애라 배우, 한국컴패션 홍보대사

한국입양홍보회 지역 모임을 함께했던 저자의 글은 나와 아내가 두 아들과 함께 지내 온 날들을 되돌아보게 한다. 영혼 깊은 곳에 자리 잡은 자신도 모르는 슬픔과 아픔, 분노와 씨름하는 아이들과 함께 보낸 시간들이 이제는 모두 감사의 제목이 되었다. 나를 자녀로 입양하신 주님의 마음을 어렴풋하게나마 헤아릴 수 있었던 것은 입양을 통해 얻은 또 다른 은혜다. 이 책이 들려주는 진솔한 이야기를 통해 출생과 마찬가지로 입양이 우리 삶의 자연스러운 한 부분임을 독자들이 공감하게 될 것을 기대한다.

최재형 감사원장, 입양부모

연약한 육체와 넉넉지 않은 경제력, 이미 자녀가 둘이나 있는 상황은 입양하지 않아도 되는 이유일 수 있었다. 그러나 저자는 이 모든 걸림돌을 뛰어넘어 입양을 했고 많은 고비를 지혜롭게 헤쳐 나갔다. 그 결과 가족 전체가 성장하는 기쁨을 누렸다. 누군가의 따뜻한 품이 필요한 아이들이 우리 사회에 많다는 걸 알면서도 현실적인 벽에 부딪혀 머뭇거리는 분들에게 이 책은 실질적인 도움을 줄 것이다. 하나의 우주가 또 다른 우주를 품는 이 가슴 벅찬 이야기를 모두에게 추천한다.

한연희 『하나네 집으로 놀러오세요』 저자, 한국입양홍보회 초대회장

너라는
우주를 만나

IVP(InterVarsity Press)는
캠퍼스와 세상 속 하나님 나라 운동을 지향하는
IVF(InterVarsity Christian Fellowship)의 출판부로
생각하는 그리스도인을 위한 문서 운동을 실천합니다.

너라는 우주를 만나

인생의 울타리를 넓히는
행복한 선택, 입양

김경아

Ivp

일러두기
본문에 등장하는 인물 중 가명인 경우 * 표시를 해 두었다.

차례

들어가는 글　　9

1. 희은이를 만나기까지　　15
2. 선택과 운명 사이에서　　45
3. 두려움을 내쫓는 사랑　　67
4. 입양, 묻고 답하다　　107
5. 얽히고설킨 실타래, 어떻게 풀까　　139
6. 우리는 죽을 때까지 가족　　169

희은이에게 띄우는 아빠의 편지　　195
이 책의 주인공 희은이입니다　　203

저자 추천 입양 도서 | 입양 기관 및 모임 안내　　206

들어가는 글

우리 집 막내 희은이는 올해 중학교 2학년이다. 북한이 우리나라에 쳐들어오지 못하는 이유가 '중2' 때문이라고들 한다. 건드리면 폭발한다나 뭐라나. 열다섯 살 희은이가 지금 우리나라를 지키고 있다니. 사춘기에 접어든 희은이는 반항적이다. 자기는 하나님을 믿지 않지만 부모님을 위해 교회에 "가주겠다"고 한다. 그뿐인가. 우리 부부가 자기에게 큰돈이라도 빚진 양, 매번 아주 당당하게 용돈을 달라고 요구한다. 이런 희은이의 모습이 그저 우습고 귀엽다. 희은이가 막내라서 다행이다. 큰아이 사춘기 때는 이런 사소한 일로 자주 싸웠는데 말이다.

희은이는 미혼모의 아기로 태어났다. 보호시설에서 지내다가 태어난 지 28일째 되는 날 우리 가족이 되었다. 우리는 희은이라는 막내딸을 얻었고, 희은이는 엄마, 아빠와 두 명의 언니를 얻은 것이다. 신생아를 키우는 삶이 으레 그러하듯 한동안은 잠을 못 자서 퀭한 눈으로 살았고, 커피 한 잔 마음 편히 마시지 못했다. 나는 시들시들 지쳐 갔지만 아이는 무럭무럭 자라 갔다. 예민하고 분위기 파악을 잘하던 어린 희은이는 이제 능청맞고 뻔뻔한 청소년이 되었다.

결혼 전 나와 남편은 자녀 계획을 따로 세우지 않았다. 잘 준비하지도 못했는데 어쩌다 보니 세 아이의 엄마가 되었다. 밤낮으로 한 움큼씩 약을 털어 넣어야 하는, 만성 통증을 인생의 상수(常數)로 지니고 사는 내가 말이다.

한 아이를 키우는 것도 쉽지 않은 몸으로 어떻게 셋이나 키우고 있는지 나도 잘 모르겠다. 은혜가 흘러넘쳐 언제나 행복했다고 말할 수 있으면 좋겠지만, 사실은 세 아이를 키우면서 근근이 버티며 살았다. 오르락내리락하는 몸 상태에 따라 내 감정도 널을 뛰었고, 감당할 수 없는 일을 저지른 것 같아 아이들을 재워 놓고 눈물 흘린 날도 많았다.

그럼에도 돌아보면 두 아이를 낳고 희은이를 입양해서 세 아이를 키운 것이 내 인생에서 가장 잘한 일인 것 같다. 더 많은 아이를 입양하지 못해 안타까운 마음마저 든다. 내가 아이 하나 입양했다고 세상이 달라지겠는가마는, 입양된 아이의 세상은 분명 달라질 것이라고 믿기 때문이다.

나는 이 책에서 희은이를 입양하기까지의 과정과 아이를 키우면서 좌충우돌한 경험을 솔직하게 적었다. 내가 아이를 키우기에 얼마나 부적합한 사람인지, 얼마나 걱정이 많았는지 그대로 표현했다. "좋은 일 하셨네요. 훌륭하십니다"라고 인사하는 사람들에게 내가 그다지 훌륭한 사람이 아니라는 걸 보이고 싶었다.

사실 이런 말은 어떤 입양부모에게든 꼭 적합한 인사는 아니다. 새로 가족을 맞이하는 사람에게는 "축하한다"고 인사하는 것이 잘 어울린다. 그러나 입양을 직접 경험하지 않았거나 입양 가족을 접해 본 적이 없는 사람들은 무심코 편견이 섞인 말들을 건네곤 한다. 나쁜 의도가 있어서가 아니라 잘 모르기 때문이다. 나는 그런 사람들에게 입양을 제대로 알려 주고 싶어 입양 교육 강사로 활동하기 시작했다.

평범한 엄마였던 나는 다양한 사람들을 만나면서 세상을 새롭게 보게 되었고 나의 장점도 발견했으며 삶의 영역도 넓어졌다. 지금은 입양 교육뿐 아니라 준비된 부모가 얼마나 중요한지 청년들과 청소년들을 만나 가르치는 일도 하고 있다. 이 책에는 이런 나의 성장기도 담겨 있다.

막내까지 중학생이 되고 보니, 아이를 내가 낳든 다른 사람이 낳은 아이를 입양하든 가족으로 정을 나누며 산다는 점에서는 조금도 다를 게 없다는 것을 확실히 알겠다. 자식은 내 것이 아니고 내 마음대로 되지 않는다는 사실도 명확해졌다. 바라기는 독자들이 이 책을 읽으며 자기 가족을 잠시라도 떠올려 볼 수 있으면 좋겠다. 어떤 부모가 되어야 할지, 어떤 삶을 살아야 할지 한 조각 지혜라도 발견할 수 있기를 바라고, 아이를 얻는다는 것은 전적으로 하나님의 섭리 안에 예정된 은혜라고 고백할 수 있으면 좋겠다. 이 책을 읽은 독자 중에 가족을 기다리는 한 아이에게 가족이라는 울타리를 내어 주기로 결심한 사람이 한 명이라도 있다면, 그때야말로 이 책을 만들기 위해 잘려 나간 나무에게 덜 미안할 것 같다.

우리 가족 이야기를 책으로 내자는 제안을 출판사로부터 받았을 때 처음에는 망설였다. 하지만 내 이야기를 기록으로 남겨야 할 이유를 조목조목 설명하며 독려해 준 자칭 '팬클럽' 아줌마들에 힘입어 책을 내기로 했다. 글쓰기는 나 자신으로 살기 위한 분투이자, 나를 뛰어넘는 은혜를 고백하는 수단이다. 그래서 이 책을 쓰면서 나는 좀더 나다워졌고, 나에게 주신 은혜를 다시 헤아려 볼 수 있었다. 이 지면을 빌려 IVP 간사님들과 팬클럽 아줌마들에게 감사를 드린다.

'한국입양홍보회'를 통해 만난 공개 입양 가족들에게 고마움을 전하고 싶다. 희은이를 입양한 후 내가 조금이라도 더 나은 사람이 되었다면 그건 전적으로 이분들 덕분이다. 희은이가 초등학교 3학년 때 쓴 "우리 가족"이라는 글에 다음과 같은 문장이 나온다. "가족은 즐거운 시간을 많이 보내고 추억을 나누는 것이다. 그게 가장 중요하다." 나와 즐거운 시간을 보내고 추억을 나눌 수 있게 해 준 세 딸, 너희는 내 '손 안에 있는 화살'(시 127:4)과도 같은 존재다. 너희로 인해 나는 언제 어디서나 든든하다. 위태로운 시기에 내가 살아야 할 이유가 되어 준 너희에게 진심으로 고맙다. 나 혼자서는 절대 하지 않았을 여러 모험을 하게 해 준 남편, 당신 덕분에 내 삶의 지평이 이렇게 넓어졌음을 고백해. 아픈 딸을 늘 애틋하게 바라보시고 격려하며 기도해 주시는 우리 엄마, 고맙습니다!

정현종 시인의 "방문객"이라는 시가 있다. 시인의 표현처럼 "사람이 온다는 건 실로 어마어마한 일"이다. 희은이는 자기만의 과거와 현재와 미래, 자기만의 빛깔, 자기만의 아픔과 기쁨을 가지고 우리 집에 왔다. 희은이라는 우주가 입양을 통해 우리에게 찾아왔다. 바라건대, 희은이를 포함한 세 딸 가운데 "바람"으로 존재하며 늘 "환대"하는 부모로 살고 싶다.

1 희은이를 만나기까지

무슨 일이 일어날지 아무도 모른다.
앞으로 일어날 일을 말하여 줄 수 있는
사람이 누구인가?
_ 전도서 8장 7절

삶과 죽음, 그 사이 어디쯤에선가…

그날은 일요일이었다. 교회에 다녀와서 남편은 이주 노동자들을 돕는 자원봉사를 하러 갔고, 나는 아이들과 집에서 여느 때와 다름없는 일요일 오후를 보내고 있었다. 그때 다급한 전화 한 통이 걸려 왔다. 수현이가 교통사고를 당했는데 위독하다는 소식이었다. 수현이는 캠퍼스 선교단체 간사인 남편이 지도하는 카이스트 학생이었다. 큰아이에게 동생과 잘 놀고 있으라고 당부하고서는 곧장 병원으로 달려갔다.

스무 살은 어떤 꿈을 꾸어도 이상하지 않고 어떻게 꾸며도 혹은 전혀 꾸미지 않아도 싱그럽고 아름다워 보이는 나이다. 수현이는 그중에서도 눈에 띄게 맑고 예뻤다. 부모님과 떨어져 기숙사에서 지내서인지 외로움을 많이 타는 것 같아 안쓰럽기도 했는데, 그래서 자주 우리 집에 놀러왔다. 선후배들과 같이 오기도 하고 때로 혼자 올 때도 있었다. 그럴 때면 나는 큰언니처럼 집밥을 차려 주고, 그 나이쯤에 누구나 할 법한 고민을 꺼내 놓을 때면 귀 기울여 주었다.

응급실로 뛰어 들어갔다. 이미 숨을 거두었다는데 아이는 곤히 자고 있는 것 같았다. 서울에서 내려오시는 부모님을 기다리느라 시신은 침상에 누인 채였다. 피 한 방울 보이지 않는데 죽었다니 도무지 믿기지 않았다. 수현이가 다니는 교회의 전도사님이 수현이 옆에서 울부짖고 있었다. 살려 달라고, 기적을 일으켜 달라고…. 하지만 나는 한마디 말도 내뱉을 수 없었다. 그저 눈앞에 펼쳐진 현실을 이해해 보려고 애쓸 뿐이었다. 바로 내 앞에 누워 있는 이 아이가 죽었다. 그런데 나는 살아 있다. 같은 시공간에 죽음과 삶이라는 낯선 두 세계가 공존하다니, 너무 이상하지 않은가. 어색하기 짝이 없었다.

가해자는 운전이 미숙한 학교 친구였다. 어이없고 기막힌 일이었다. 죽은 아이에게나 사고를 일으킨 아이에게나 이해할 수 없는 사건이었고 돌이킬 수 없는 비극이었다. 이게 영화라면 당장 "컷!"을 외치고 처음부터 다시 시작하라고 소리를 지르고 싶었다.

집에 돌아와서 밤을 꼬박 새웠다. 지금까지 내가 알았던 죽음과 다른 죽음을 마주해서 생긴 혼란이 쉽사리 정리되지 않았다. 어쩌다 이런 기대를 갖게 되었는지는 모르나 내가 이해하기로, 죽음은 나이 순서여야 하고 죽기 전 사랑하는 사람과 작별인사를 나눌 만큼의 여유는 주어져야 한다. 하지만 수현이의 죽음은? 속은 것 같았다. 죽음에게 사기를 당한 것 같았다.

사랑도 야망도 열정도, 운명 앞에서는 속절없이 쓰러질 수밖에 없는 걸까? 그렇다면 무엇 때문에 마음을 졸이고 밤을 지새우며 고민하며 살까? 삶과 죽음은 겨우 몇십 센티미터밖에 차이가 나지 않는 걸까? 죽음이라는 게 실은 내가 생각하는 것과는 다르게 별것 아니었나? "헛되고 헛되며 헛되고 헛되니 모든 것이 헛되도다"라고 한 전도서 저자의 말은 바로 이런 때 쓰라고 있는 건가? 복잡하고도 답을 내릴 수 없는 질문이 꼬리에 꼬리를 물었다. 애쓰고 수고하며 살아온 날들이 부질없게 느껴졌다.

그런데 수현이의 죽음을 대면한 바로 그 밤, 나는 입양을 결정했다. 그 즈음 우리 가정은 입양에 대해 계속 고민 중이었고, 가능하다면 나는 입양을 피하고 싶었다. 하지만 그날 밤에 드디어 결단을 내렸다. 한 사람의 이해할 수 없는 죽음 앞에서 내 마음이 왜 바뀌었는지 나도 잘 모른다. 그 아이의 죽음이 입양과 무슨 상관이 있을까? 둘 사이의 인과관계는 성립하지 않는다. 그러니 설명할 수도 없다. 이런 걸 아이러니라고 하던가? 하지만 어차피 삶도 죽음도 온통 모순투성이었다. 그러니 굳이 이해할 필요가 없는 일이었다.

입양을 한 후 힘들어 봤자 죽기밖에 더할까 싶기도 했다. 오히려 내가 죽더라도 한 아이에게 가족은 남겨 줄 수 있을 것 같아 다행이라는 생각에 홀가분하기까지 했다.

예상하지 못한 사건과 사건과 사건

남편과 나는 각각 스물일곱, 스물넷에 결혼하여 이듬해 부모가 되었다. 이른 나이의 결혼이었고 사실 임신은 계획에 없던 예상 밖의 사건이었다.

대학 졸업 후 나는 어떡하든 집에서 독립하고 싶었다. 탈출하고 싶었다는 게 더 정확한 표현이다. 가족이어서 행복하다고 느낀 적이 없는 가정이었고, 부모님의 불화를 더는 참고 살고 싶지 않았다. 하루라도 빨리 나만의 공간을 꾸리고 싶었다.

좋아하는 사람도 있었다. 동아리 선배인 남자친구는 나랑 마음도 잘 맞고 말도 잘 통했다. 사랑하는 이 남자와 한 집에 살면서 부모님과는 다른 결혼 생활을 꾸려 갈 수 있을 거라고 확신했다. 저 푸른 초원 위에 그림 같은 집(그러나 현실은 옥탑방)을 짓고 사랑하는 님과 함께 한평생 살아가고 싶은 낭만이 가득했다. 그러니 결혼을 미룰 이유가 없었다. 나는 대학을 졸업한 다음 해, 사귄 지 2년 만에 결혼을 했다. 그랬는데 신혼의 단꿈을 누려 볼 새도 없이 덜컥 임신했다는 것을 확인했다.

사실 결혼할 당시 나는 만성질병을 앓고 있는 환자였다. 대학교 1학년 때 갑작스레 류머티즘 관절염이 찾아왔기 때문이다. 1988년, '88꿈나무'라고 선배들의 애정을 듬뿍 받으며 캠퍼스를 누비고 다니던 1학년 가을 무렵이었다. 어느 날부터인가 손가락 마디마디가 붓고 주먹이 쥐어지지 않았다. 앉아 있다가 발딱 일어날 수가 없었다. 연일 열이 올랐고 물에 젖은 솜뭉치처럼 몸이 무거웠다.

미련하게도 꼬박 두 달을 참다가 병원에 갔는데 자가면역질환 중 하나인 류머티즘 관절염 진단을 받았다. "왜 이렇게 늦게 왔느냐, 그동안 어떻게 참았느냐" 하며 의사는 나를 안쓰럽게 쳐다보았다. 그 후 손가락에서 시작된 통증은 팔꿈치,

어깨, 무릎, 골반 등 관절이 있는 곳이라면 어디든 가리지 않고 퍼져나갔다. 심지어 음식을 씹고 말을 할 수 있게 도와주는 악관절에도 심한 통증이 왔다. 앉거나 설 때, 팔을 올리거나 내릴 때, 손가락을 구부리거나 펼 때, 입을 벌리고 씹을 때 등 관절을 쓰는 모든 행동 하나하나에 날카롭고 묵직한 통증이 따라왔다. 통증과 함께 파괴된 연골은 재생되지 않아서 손가락과 발가락 모양도 바뀌었다. 내 나이 열아홉이었다.

고등학생 때 나는 백 미터 달리기를 하면 반에서 1등이었다. 또 배구 시합을 하면 반 대표 선수로 뽑힐 만큼 체력이 좋았다. 공부나 일을 할 때 무리인 줄 알면서도 버티고 보는 깡도 있었다. 하지만 아프기 시작한 후로 나의 생활은 모든 것이 바뀌었다. 아프기 전처럼 공부할 수 없었고 이전과 같은 강도로 바깥 활동을 할 수가 없었다. 학교에 겨우 가고, 아프고, 병원을 오가는 단순하고도 지루한 일상이 이어졌다.

희한한 일이지만 시간이 지나면서 이런 몸 상태에 조금씩 적응이 되었다. 아픈 채로 어떻게든 살았고 어느 정도 통증에도 익숙해졌다. 병과 함께 살아가는 법을 받아들인 상태가 된 것이다.

그리고 결혼을 했다. 하지만 이런 몸으로 임신을 하고 아이를 낳아 기르는 게 어떤 의미인지는 미처 상상하지 못했다.

임신 기간 중에는 신기하게 관절염 증상이 사라졌다. 임신과 면역 사이에 신기한 과학적 원리가 작용한다는 사실을 나중에 알았다. 하지만 출산을 하고 나니 몸 상태가 임신 전보다 훨씬 더 나빠졌다. 관절염만으로도 힘든데 제대로 쉬지 못하고 먹지 못하면서도 아이를 돌보고 시시때때로 젖을 물리느라 피골이 상접해졌다. 수유를 하느라 약을 먹지 않고 버텼는데 결국에는 수유를 끊을 수밖에 없었다.

다량의 진통제와 면역억제제를 입에 털어 넣으며 하루하루 살아 내는 고통의 시간이 이어졌다. 내 몸도 너무 아픈데 배고프다고 졸리다고 기저귀 갈아 달라고 울어제끼는 아이를 보며 많은 날 망연자실했다.

첫아이가 돌이 채 되지 않았을 때의 일이다. 그날따라 몸이 유난히 아팠다. 목 부위 임파선이 팅팅 붓고 고열이 났다. 동네 병원에서 임파선염이라며 항생제를 처방해 주었지만 며칠이 지나도 열이 떨어지지 않았다. 병원에 다시 갔을 때, 의사는 빨리 대학 병원으로 가라며 의뢰서를 써 주었다. 남편은 출장 중이었다.

할 수 없이 친정 엄마에게 아이를 맡기고 대학 병원에 갔다. 입원해서 이런저런 검사를 받은 후에 의사가 진단한 병명은 우습게도 영양실조였다. 의사는 어떻게 지금 한국에서 이런 일이 가능하느냐며 출장에서 급히 돌아온 남편을 타박했다. 당시 나는 단순한 임파선염조차 이겨 낼 한 줌 에너지도 남아 있지 않았던 것이다.

엄마로서의 삶은 환자인 나만 힘든 게 아니었다. 남편 역시 아빠 역할을 힘겨워했다. 위로 누나만 셋을 둔 남편은 시어머니가 마흔 넘어 낳은 귀하디귀한 아들이었다. 시어머니 표현에 따르면 "세 돌이 될 때까지 땅에 내려놓은 적 없는" 소중한 아들이었다. 그런 아들로 자랐다는 말의 의미를 알지 못했던 나는, 결혼한 후에 남편이 보이는 행동 때문에 당황스럽고 혼란스러울 때가 많았다. '내가 아는 오빠는 이런 사람이 아닌데, 대체 왜 이러지?' 동아리 대표를 하며 보여 주었던 리더십은 온데간데없고, 자기 하고 싶은 대로 하는 남자아이가 나와 함께 살고 있었다. 나를 진심으로 사랑했으나, 아니 사랑하고 싶었겠지만 어떻게 자기 몸을 움직여 살림을 하고 가족을 돌봐야 하는지를 그는 잘 몰랐다.

밤새 끙끙 앓고도 날이 밝으면 나는 아침밥을 준비했다. 남편이 출장 다녀와서 꺼내 놓은 빨랫감도 내 몫이었다. 전업주부였던 나 스스로도 응당 이런 일들을 하는 게 '밥값'을 하는 거라고 생각했다. 하지만 환자인 나는 이마저도 힘에 부칠 때가 많았다. 내가 너무 힘들다고 호소하자 남편은 말했다.

"내가 어떻게 하면 좋겠는지 차분하게, 좋은 말로 이야기해 줘야 알지!"

차분하게, 좋은 말로 설명할 수 있는 상태가 아니라는 것을 어떻게 설명하면 좋을지 도무지 알 수 없었다. 사랑 하나 믿고 한 결혼이었는데 우리 부부의 친밀감은 내리막길로 치달을 때가 많았다.

그런 남편에게도 큰 장점이 한 가지 있었다. 그는 아이를 좋아했다. 집에 머무는 시간이 절대적으로 적었지만, 집에 있는 동안은 아이와 잘 놀아 주려고 애썼다. 어떨 때는 놀아 주는 게 아니라 같이 놀았다. 아이를 데리고 물놀이를 가면 아이보다 남편이 더 즐거워했다. 또 그는 교회 자모실에 들어가는 걸 꺼리지 않았다. 이런 남편 덕에 아이가 두 돌이 되기까지 지옥 같은 시간을 견딜 수 있었던 것 같다.

다행히 아이는 잘 자랐다. 갓난쟁이일 때는 배앓이라고도 하는 영아산통을 오래 앓기도 하고 성격이 예민한 탓에 지칠 때도 있었지만, 아이는 제법 의젓하게 자랐다. 어딜 가든 반듯하고 예절 바르며 똑똑한 아이로 자리매김했다. 아이를 잘 키왔다는 자긍심이 우리 부부에게는 거의 유일한 위안이었다.

네 식구라서 좋아

아이가 30개월이 되었을 때, 우리 가족은 남편의 유학으로 미국 생활을 시작했다. 유학은 결혼 전부터 남편의 인생 계획에 들어 있었고, 전업주부인 나에게 선택의 여지는 없었다. 대학 시절 1년간 전 세계를 돌아다녀 본 경험이 있는 남편과 달리 외국에 한 차례도 나가 본 적 없는 내게 미국 생활은 또 다른 모험이었다. 한국에서라면 나 혼자 할 수 있었던 일도 남편이나 다른 사람의 도움을 받아야 했다. 그래도 남편과 같은 학교를 다니는 미국인 친구들 덕분에 차차 적응할 수 있었다. 특히 페기와 그렉 부부와 교제하는 게 좋았고, 페기는 나의 훌륭한 친구요 멘토가 되어 주었다. 아이는 그곳에서 유치원을 다니며 친구들과 선생님들의 배려와 사랑을 받으면서 무럭무럭 자랐다.

    미국에 살면서 조금 특이하다고 생각한 점이 한 가지 있다. 주변에 입양 가족이 제법 많다는 사실이었다. 한국에서는 입양한 가족을 직접 만나 본 적이 없었던 것과 대조되었다. 남편이 다니는 학교 교직원 중에 흑인 아이 둘을 입양한 부부가 있었다. 그 부부는 백인이었기에 아이들을 입양했다는 건 말하지 않아도 알 수 있었다. 한인 입양인 켈리와는 같은 교회를 다녔고, 또 다른 한인 입양인 베키는 남편과 같은 수업을 들었다. 딸이 다니던 한글 학교의 친구 엄마도 한인 입양인이었다. 입양 가족들을 접하면서 입양이 실제로 존재하는, 우리 삶과도 멀지 않은 일이라는 것을 그때 처음 알았다.

미국에서 나는 둘째를 임신했다. 이번에도 예상하지 못한 임신이었다. 첫 번째 임신과의 차이점이라면 이번에는 무척 기다려 온 임신이었다는 점이다.

첫째를 키우며 너무 힘들었던 건 사실이다. 통증에 뒤척이는 밤이 얼른 지나가기를, 아이가 그저 빨리 자라기를 바라며 버티기에 급급했다. 시간이 약이라더니 정말로 시간이 흐르면서 아이는 자랐고 대화를 나누며 애정도 깊어 갔다. 그러나 미국에서도 내 몸 상태는 오르막과 내리막을 반복했고, 그에 비례해 내 정신 건강 또한 롤러코스터를 탔다. 그런 상태였는데도 내 마음에 둘째에 대한 간절한 바람이 불었다.

'아이를 키우는 게 이렇게 즐겁고 보람 있는 일이구나. 이

예쁜 아이가 동생과는 어떻게 지낼까?'

갖은 고생을 다하며 첫째를 키웠으면서 대체 왜 이런 궁금증이 생겼던 걸까? 지금도 참 미스터리하다. 이런 호기심 혹은 이유를 설명할 수 없는 비합리적 궁금증이 인류 존속에 큰 공헌을 한다고 여길 수밖에.

그러나 예상하지 못한 반대에 부딪혔다. 남편은 육아를 직접 담당하지 않기 때문인지 둘째를 갖는 것에 반대하지 않았지만, 내 주치의가 단칼에 안 된다고 한 것이다.

"이런 몸으로 다시 아이를 낳을 생각은 절대 하지 마세요."

많은 종류의 약을 먹고 살아야 하는 내 건강 상태를 염려한 주치의로서는 최선의 조언이었으리라. 주치의의 그 마음은 잘 알겠는데, 충분히 알아들었는데, 내 몸이 어떤 상태인지 이해도 되는데, 나는 금방이라도 울음이 터질 것 같았다.

어떤 약이 이러저러한 부작용을 갖고 있으니 이 약을 저 약으로 바꾸면 임신할 수도 있겠다는 설명을 듣고 싶어서 꺼낸 이야기였다. 그런데 임신은 더 이상 입 밖으로 꺼낼 수 없는 주제가 되어 버렸다. 무언가 갖고 싶은 게 생겼는데 갖지 못한다고 하니 더 갖고 싶어졌다. 삐딱한 반항심, '똘끼'가 엉뚱한 곳에서 튀어나왔다. 아기를 기다리던 그때의 경험은 후에 난임 부부의 아픔을 이해하고 공감하는 데 큰 도움이 되었다.

당시 복용하던 약들은 내 몸에 잘 듣지 않았다. 의료보험이 없는 상태로 병원에 다녀야 하는 가난한 유학생 신분이라서 더 나은 의료 처치를 기대할 수도 없었다. 그저 진통제의 양을 늘려 가며 통증을 다스려야 했다.

그러던 중 보건소 벽에 붙어 있는 '의약품 임상 실험 참여자 모집' 공고를 보았다. 류머티즘 관절염 신약이 나왔는데 현재 복용하는 약이 잘 듣지 않는 환자를 모집한다는 내용이었다. 바로 나였다. 실험하기 전에 환자 상태를 면밀하게 검사해 주고 참여할 때마다 50달러씩 돈도 준다고 했다. 망설이지 않고 신청했다. 다만 신약은 먹는 약이 아니고 환자가 직접 주사를 놓는 방식이어서 멈칫하긴 했지만 개의치 않았다.

그 임상 실험에 참여하던 중에 두 번째 아기가 찾아온 것이다. 임신테스트기를 손에 들고 얼마나 기뻤는지 모른다. 남편과 큰딸 희연이도 행복해 마지않았다. 하지만 잠깐의 즐거움 후 무수한 걱정이 몰려왔다. 신약은 임신 안정성 여부가 입증되지 않은 상태였다. 임신한 상태에서 이 약을 꾸준히 투여했을 때 태아에게 어떤 영향을 주는지에 대한 결과가 나와 있지 않았다. 곧바로 나는 '고위험 산모군'에 배정되었다. 의사는 여러 조건을 따져 볼 때 아이가 기형아로 태어날 확률이 높다며 기형아 검사를 해 보자고 제안했다. 남편과 나는 서로의 얼굴을 쳐다보았다.

검사를 해서 기형아라면, 그럴 확률이 높다는 걸 알면, 그러면 우리는 아이를 낙태할 것인가? 그렇게 하지 않으리라는 걸 우리는 서로 잘 알았다. 검사를 하지 않기로 했다. 집에 돌아온 남편은 기형아로 태어난 아이를 키우는 부모들의 다양한 사례를 인터넷에서 찾아 내게 들려주었다. 아이가 기형을 갖고 태어난다면, 그런 아이를 하나님이 우리에게 주신다면, 거기에는 그만한 이유가 있을 거라는 데 우리는 동의했다. 다만 정말로 아이가 장애를 갖고 태어나면 한국으로 돌아가지 않고 미국에 남아 살 길을 찾아보기로 했다.

둘째 딸은 첫째 딸과 6년 반 터울로 태어났다. 기형아는 아니었고 2.7킬로그램의 약간 작은 체구였다. 하지만 한 달 만에 몸무게가 두 배로 늘 만큼 먹성이 좋았다. 둘째를 낳고 우리는 귀국하여 대전에 정착했다. 대전은 아무 연고가 없는 곳이었지만 우리는 그곳이 마음에 들었다.

둘째는 첫째와 참 많이 달랐다. 키우는 재미가 쏠쏠했다. 낯가림이 전혀 없고, 명랑 쾌활 그 자체였다. 교회에 가면 집에 오기 전까지 누구 품에 안겨 있었는지 모를 정도로 아무에게나 경계심 없이 다가갔다. 집에 손님이 오는 것을 너무나 좋아했고 심지어 손님들이 자기를 보러 온다고 확신했다. 남편이 "희수는 아빠에게 뭘 주지?"라고 물으면 희수는 늘 이렇게 대답했다. "기쁨!" 정말로 그랬다.

반면 둘째의 성격은 통제가 잘 되지 않았다. 식당에 가면 눈 깜짝할 사이에 옆 테이블에 앉아서 음식을 얻어먹고 있었다. 큰아이를 키울 때, 식당에서 뛰어다니는 아이들을 보면 그 부모가 한심해 보였다. '아이는 부모 하기 나름'이라는 오만방자한 착각에 빠져 살던 시절이었다. 에너지 많고 외향적인 둘째를 키우면서 아이가 부모 마음대로 되지 않을 수 있다는 걸 실감했다. 부모로서 갖고 있던 교만도 무너졌다. 그런데도 천방지축 둘째 딸은 마냥 귀여웠다. 큰아이 키울 때에 비해 우리 부부도 나이를 더 먹었고 아이를 키우는 노하우도 쌓여서 마음의 여유가 생겼던 것 같다.

큰아이는 예상한 대로 동생을 지극정성으로 보살폈다. 워낙 공감 능력이 뛰어나고 약자를 보면 동정심이 이는 아이라서, 동생이 원하는 건 뭐든지 해 주는 마음 따뜻한 언니가 되었다. 동생이 기어 다니면서 자기 책을 찢고 귀찮게 하기 전까지는 분명히 그랬다.

셋째라고? 절대 안 돼!

어느 날부터 남편이 "셋째는 얼마나 더 예쁠까!" 노래를 부르기 시작했다. 워낙 아이를 좋아하는 사람이니 당연하다 싶으면서도 원망과 분노가 몰려왔다. '셋째? 셋째라고? 허구한 날 출장 다니고 집에는 가끔 오니 아이들이 저절로 쑥쑥 자라는 줄 아나? 이 사람, 정말 나를 사랑하기는 하는 거야? 두 아이 키우면서 내가 얼마나 고생했는지 모르나? 뼈밖에 안 남은 내가 보이지도 않는 거야?'

나는 남편이 셋째 이야기를 꺼낼 때마다 무시로 일관했다. 현실도 모르고 말을 꺼내는 철없는 남편에게 서운할 따름이었다. 물론 두 아이가 있어 즐거울 때도 많았다. 하지만 아이를 키우는 일은 육체적으로나 정신적으로 에너지가 정말 많이 드는 극한 직업이다.

게다가 나는 둘째가 두 돌이 되기 전에 양쪽 고관절을 인공관절로 바꾸는 수술을 받은 상태였다. 관절을 파괴하는 내 병든 면역 체계가 양쪽 골반과 허벅지를 연결해 주는 연골을 다 파괴했기 때문이다. 그렇게 되기까지 엄청난 통증을 견뎌야 했다. 앉고 일어설 때마다, 걸을 때마다, 아기를 안을 때마다, 뼈와 뼈가 완충 지대 없이 부딪치는 느낌이 덜그럭덜그럭

온몸에 전해졌다.

약으로는 더 이상 통증 조절이 되지 않는 막다른 길에 다다라 수술을 받기로 결정했다. 견디기 힘든 통증을 온몸으로 느끼면서도 더 빨리 수술을 받지 못한 이유는, 인공관절은 소모품이라 제 역할을 다하면 교체해 주어야 하기 때문이었다. 삼십 대 초반인 나로서는 죽을 때까지 몇 번의 수술을 더 받아야 할지 가늠이 되지 않았다. 그러니 아픈 걸 좀더 참더라도 가능하면 수술을 미루고 싶었다. 하지만 더는 버틸 수 없을 만큼 통증이 심해지니 방법이 없었다. 통증을 줄이고 일상생활을 무리없이 하려면 양쪽 고관절을 인공관절로 교체해야만 했다.

수술을 하고 나니 확실히 통증이 줄었다. 더 이상 절뚝거리며 다니지 않아도 되니 한결 살 것 같았다. 그렇게 한숨 돌리고, 둘째 희수도 어린이집에 보내기 시작하면서 육아의 늪에서 막 벗어난 참이었다.

그런데 셋째라니, 어불성설이었다. 아이는 둘로 족했다. 아이만 키우다가 늙을 수는 없지 않은가. 내 인생에 절대 셋째 아이는 없을 것이라는 확신이 있었다. 나도 남편과 아이들을 보조하는 삶이 아닌 나를 위한 나만의 인생을 살고 싶었다.

더는 아이를 키우지 않겠다는 내 생각을 분명히 하기 위해, 집 근처 국립대학교의 대학원에 지원해서 합격했다. 게다가 장학금까지 받게 되었다. 지도 교수님은 내가 공부하고 싶어 하는 분야에 관심을 보여 주셨고, 아직 공부 머리가 죽지 않았다는 걸 확인한 나는 대학원생으로서의 정체성을 갖고 살기 위해 노력했다.

그러나 곧 실패했다. 대학원에 입학하고 얼마 지나지 않아, 그 공부가 내가 하고 싶은 공부가 아님을 깨달은 것이다. 하고 싶지 않은 공부라는 걸 알아차렸는데 그래도 장학금까지 받으며 다닐 수 있으니 일단 계속 공부를 할 것인가, 아니면 그만두는 게 맞는가? 둘 사이에서 고민했다. 쉽게 결정을 내리지 못하고 고민만 하다 보니 악몽을 꾸기 시작했다.

결국 지도 교수님의 만류에도 불구하고 대학원을 그만두었다. 전업주부라는 옷을 벗고, 비록 대학원이기는 하지만 드디어 사회에 한 발 내딛은 거였는데 이대로 물러나는 것을 스스로 인정하는 것이나 주변에 이야기하는 게 부끄러웠다. 하지만 아니라는 걸 알았는데 계속하는 건 더 끔찍했다. 그러니 그만두는 것이 더 이상 악몽에 시달리지 않을 길이었다.

내가 갈 길이 아니라서 그만둔 것인데도, 막상 그만두고 나니 매사 재미가 없고 우울했다. '내 인생은 이렇게 전업주부로, 애들 엄마로 사그라드는 건가' 싶었다. 남편은 "전업주부가 뭐 어떻다고 그러느냐, 그렇게 살아도 괜찮다"고 위로를 건넸다. 하지만 남편의 말은 전혀 위로가 되지 못했다. 그때의 남편은 나를 잘 알지 못했다.

대학원을 그만두자 남편은 다시 셋째 이야기를 꺼냈다. 그런데 이번에는 임신이 아니라 입양을 하자고 했다. '입양? 입양이라고?' 셋째를 낳자는 말은 쉽게 무시할 수 있었는데 입양이라고 하니, 무슨 이유 때문인지 그 말은 쉽게 무시할 수가 없었다. 이상하게 못 들은 척할 수가 없었다.

게다가 첫째 희연이까지 나서서 동생을 입양하자고 제 아빠의 말에 힘을 실어 주는 게 아닌가. 미국에 살 때 입양 가족을 만나 본 경험 덕분인지 큰딸은 입양이 무엇인지 어느 정도 이해하고 있었다. 그 경험을 이렇게 적용할 줄이야! 다행히 둘째는 엄마 편이었다. 자기는 자기가 막내인 게 좋다면서, 동생은 무조건 싫다는 단호한 입장을 보였다. 첫째 희연이가 열한 살, 둘째 희수가 다섯 살 때였다.

결혼하기 전에 우리 부부는 막연하게 입양을 생각해 본 적이 있다. 1980년대에 대학을 다니며 기독교 동아리 활동을 했고 그때 우리는 진정한 그리스도인이라면 사회적 책임을 다하며 살아야 한다고 주야장천 배웠다. 그런 맥락에서 당시 성경 공부를 같이 하던 친구들이 나중에 결혼하면 입양을 하자는 이야기를 했고, 너나없이 그래야지 다짐했다.

한 생명을 책임진다는 게 구체적으로 어떤 의미인지 잘 몰랐던 청춘들은 입양이라는 단어에 괜히 마음이 뜨거워졌었다. 하지만 그들의 이야기를 들으며 나는 아무 말도 하지 않았다. 환자인 나는 미래에 무언가 해 보고 싶다는 꿈을 꾸거나 어떤 계획도 세울 수가 없었다. 아프지 않고 계속 살 수 있다면 의미 있게 사는 게 당연히 좋았을 것이다. 하지만 그때의 나는 사는 게 죽는 것보다 더 어려울 것 같은 절망 가득한 시간을 견디는 중이었다.

입양이 필요한 일인 줄은 알았다. 하지만 막상 두 아이를 키우면서 내가 입양을 하는 건 쉽지 않겠다는 생각을 했다. '나보다 돈도 많고 건강하고 성품도 좋은 사람이 보육원의 아이들을 입양하는 게 좋지 않을까?' 좀더 정직하게는, 누군가는 반드시 해야 할 일이지만 나는 피해 가고 싶었다. 게다가 나에게는 입양을 하지 않아도 되는, 나름대로 합리적인 이유가 차고 넘쳤다.

'나는 환자야. 이미 두 아이를 키우고 있잖아. 외벌이로 두 아이 키우기도 쉽지 않고, 선교단체에서 일하는 남편 월급으로는 턱도 없어. 입양은 필요한 일이지만 우리에게는 무리야.'

그렇다면 입양을 하자는 남편의 제안을 거절하면 그만이었다. 하지만 마음이 편하지 않았다. 무작정 한 입양 기관에 전화를 했다. 내 몸 상태가 이러저러한데 입양을 할 수 있느냐고 물었다. 그쪽에서 내 건강을 문제 삼아 거절해 준다면 아주 가뿐하게 마음의 짐을 덜 수 있으리라 생각한 것이다. 그런데 내 이야기를 다 들은 상담사는 상냥하게 답변을 했다.

"어머니, 그런 상황에서도 두 아이를 낳아 키우셨으니 입양하는 데 건강이 큰 문제가 되지는 않을 것 같습니다."

'이런, 피해 가고 싶었는데 도움이 안 되네!'

고민 끝에 다시 남편과 협상을 했다.

"입양은 한 아이를 평생 책임져야 하는 너무 어려운 일이야. 그러니 도움이 필요한 아이를 잠시 위탁받아서 돌보는 건 어떨까?"

우리가 생각한 방식은 '가정 위탁'이라는 제도로, 친부모가 사정이 있어 아이를 키울 수 없을 때 일정 기간만 아이를 돌

봐 주는 것이었다. 우리는 '가정위탁지원센터'를 찾아가 위탁부모 교육을 받았다. 그러나 위탁부모 노릇은 왠지 우리에게는 어울리지 않는 옷처럼 느껴졌다.

이러지도 저러지도 못하고 시간만 흘려보냈다. 수현이의 사고 소식을 들은 게 그 무렵이다.

마침내 희은이를 만나다

앞날이 창창한 인재였고 너무나 예뻤던 스무 살 여대생, 그렇게 떠나기에는 너무나 아까운 수현이를 보내고 나는 마음을 정했다. '내가 살아 있는 동안 한 아이에게라도 가족이 되어 주어야겠다.'

구체적인 고민이 시작되었다. 우리 주변에는 입양 가정이 없었다. 인터넷을 뒤져 우리가 살고 있는 대전에 한국입양홍보회 소속의 입양 가족 모임이 있다는 것을 알아냈다. 다가오는 모임이 보름 후인 7월 17일에 있었다.

보름 후 우리 부부는 두 아이를 데리고 모임에 찾아갔다. 입양에 관심 있다고 말씀드리자 다들 무척 반가워하며 좋아하셨다. 교회에서 새신자를 환영하는 분위기와 비슷했다. 모임에서 만난 입양아들은 생기가 넘쳤다. 사랑을 많이 받아서인 것 같았다. 아이들을 보고 있노라니 기쁘고 감사했다. 더욱이 입양부모들이 나처럼 평범해 보여서 용기가 생겼다.

우리는 입양부모들에게서 대한사회복지회 소속의 입양 기관을 소개받아, 7월 말 입양 기관을 처음 방문했다. 입양 신청서를 작성하고 상담을 받았다. 담당자는 우리 부부를 별도의 공간으로 데리고 가 상당히 구체적인 질문들을 던졌다. 우리 각자의 부모가 어떤 일을 하며, 어떤 성장 과정을 거쳤는지, 형제자매들과의 관계는 어떻고, 지금 우리가 어떤 환경과 관계 속에서 지내는지, 왜 입양을 하려고 하는지, 이미 두 아이가 있는데 또 다른 아이를 키우는 게 여러 면에서 문제는 없을지 꼬치꼬치 물었다. 사생활에 해당하는 질문들이었지만, 한 아이에게 가정을 만들어 주는 일인 만큼 그분들이 제대로 일을 하고 있다는 신뢰가 들어, 최대한 정직하게 구체적으로 대답했다.

상담 절차를 마치고 담당자는 아이들이 살고 있는 '일시보호소'라고 불리는 시설을 둘러보도록 우리를 안내했다. (당시만 해도 이런 관행이 존재하는 입양 기관이 더러 있었다. 하지만 지금은 대부분의 기관이 외부인 출입을 엄격하게 제한한다.) 사무실이 있는 1층을 제외하고 나머지 세 개 층에 60여 명의 아이들이 생활하고 있었다. 신생아부터 기어 다니는 젖먹이들, 뛰어다니는 제법 큰 유아들까지. 아이들은 낯선 사람의 등장에도 경계하지 않고 기어 오거나 뛰어와서 다리에 매달리고 안아 달라고 두 팔을 내밀었다. 우리를 쳐다보면서 계속 우는 아이도 있었다.

창문 너머로 신생아 방도 들여다보았다. 보육사들이 24시간 교대로 여섯 명의 신생아를 돌본다고 했다. 혼자서 여섯 명을 동시에 돌보아야 한다니, 상상만 해도 한숨이 나왔다. 우유 먹이고 기저귀 갈아 주고 잠 재우고 목욕시키고…얼마나 힘에 부칠지 가늠이 되지 않았다. 그곳을 둘러보며 받은 충격과 슬픔은 너무나 선명하게 각인되었고, 10년이 훌쩍 넘은 지금까지도 가끔씩 나를 압도해 오곤 한다.

일시보호소 방문을 마치고 집으로 돌아오는 차 안에는 적막이 감돌았다. 애정을 갈구하던 아이들의 눈빛이 자꾸만 떠올랐다. 천하보다 귀한 생명들인데, 한 명 한 명 너무나 예쁜데…. 무거운 침묵을 가장 먼저 깬 건 첫째였다.

"나는 커서 다섯 명 입양할 거야!"

큰딸은 이렇게 말하며 울음을 터뜨렸다. 내 눈에도 그렁그렁 눈물이 고였다.

입양 가족 모임에서 듣기로는, 딸을 입양하려는 경우가 많아서 우리가 딸을 원한다면 아마 오래 기다려야 할 수도 있을 거라고 했다. 그래서 '입양을 하려는 가정에 비해 입양 대상 아동이 더 적은가 보구나. 아이가 기다리는 것보다 우리가 기다리는 게 어쩌면 더 다행이네'라고 막연하게 생각했다.

그러나 현실은 달랐다. 우리가 방문한 일시보호소에만 60명이 넘는 아이들이 있었다. 물론 이 아이들 모두가 입양을 가게 되는 건 아니다. 부모가 아이에 대한 친권을 포기한 경우에만 입양이 가능하다. 이곳은 부모에게 사정이 있을 경우에 한해 단기간만 보호해 주는, 말 그대로 '일시' 보호소이기 때문이다. 이곳에서 최대 2년 정도 생활하다가 부모가 데려가지 않거나 입양되지 않으면 보육원으로 옮겨진다. 보육원으로 옮겨지면 입양될 기회는 현저히 낮아진다고 했다.

입양과 관련한 현실을 직접 보니, 하루라도 빨리 아이를 데려오고 싶어졌다. 그간 이것저것 재며 입양을 할지 말지 고민했던 시간이 오히려 미안할 정도였다. 내가 입양을 놓고 손익계산을 하던 시간에, 아이들은 자기 손을 끝까지 잡아 줄 가족의 손길을 애타게 기다리고 있었다. 부끄러움이 몰려왔다.

우리는 각종 서류를 서둘러 준비해서 입양 기관에 보냈다. 그리고 아이를 맞을 준비를 하기 시작했다. 셋째는 당연히 없다고 생각해서 진작 아기 용품을 처분했기에 여기저기 부탁해서 다시 아기 옷과 아기 용품을 얻어 왔다. 옷과 손수건을 폭폭 삶아 서랍에 차곡차곡 채웠고, 이불을 새로 장만해 햇볕에 보송보송 말렸다. 우유병을 깨끗하게 소독하고 집안이 윤기가 날 만큼 쓸고 닦았다. 그렇게 열심히 또한 간절히 셋째 아이를 기다렸다.

입양 기관 방문 후 두 주가 지난 8월 중순경에 기다리던 연락을 받았다. 아이를 결정하기 위한 방문 일정을 잡으라고 했다. 8월 28일로 약속을 정했다. 그리고 드디어 아이를 만나러 가는 날이 되었다. 나는 전날 밤, 한숨도 자지 못했다. 단순한 기대감 때문이 아니었다. 아이를 결정해야 한다는 것이 너무 무겁게 다가왔기 때문이다. 대체 무슨 기준으로 어떻게 아이를 고르란 말이지? 한 명을 택하면 나머지 아이들은 어떡하라고… 밤새 뒤척였다.

부담감을 잔뜩 안고 입양 기관에 도착한 우리에게 허무하면서도 운명적인 순간이 다가왔다. 담당자가 지금 우리 집 막내딸 희은이를 안고 등장한 것이다! 알고 보니 입양할 아이를 우리가 선택하는 게 아니라, 입양 기관에서 그 가정에 잘 어울릴 것으로 보이는 아이를 미리 결정해 놓는 것이 관례였다. 휴, 나는 한숨을 돌렸다.

입양 상담을 하면서 우리 부부는 딸을 입양하고 싶다는 의견을 전했다. 담당자는 우리 의견을 반영하고 여러 조건과 상황을 고려해 희은이의 생모가 지어 준 '서현'이라는 이름을 가진 아기를 우리와 연결해 주었다.

3일 후인 9월 1일, 입양의 마지막 절차로 입양 기관 담당자가 우리 집을 방문했다. 담당자는 집안 환경을 꼼꼼히 살폈다. 아이를 키울 만한 환경인지 하나하나 점검했다. 그 후 담당자를 입양 기관에 데려다 드리고 우리는 희은이를 집에 데리고 왔다. 희은이가 태어난 지 28일째 되는 날이었다.

희은이를 만나기까지 거친 이 일련의 과정을 어떻게 설명하면 좋을까? '운명의 장난'일까, 신의 '섭리'일까? "무슨 일이 일어날지 아무도 모른다. 앞으로 일어날 일을 말하여 줄 수 있는 사람이 누구인가?"라는 전도서 말씀은 바로 나를 두고 하는 말이었다.

* 2012년 입양특례법이 개정되어 지금은 '법원의 허가'라는 최종 단계를 거쳐야 한다.

2 선택과 운명 사이에서

제가 무엇이며, 저의 백성이 무엇이기에,
우리가 이렇듯이 기쁜 마음으로 바칠 힘을 주셨습니까?
모든 것을 주님께서 주셨으므로,
우리가 주님의 손에서 받은 것을 주님께 바쳤을 뿐입니다.
주님 앞에서 우리는, 우리의 모든 조상처럼,
나그네와 임시 거주민에 불과하며,
우리가 세상에 사는 날이 마치 그림자와 같아서,
의지할 곳이 없습니다.
_역대상 29장 14-15절

신앙의 고민

내가 기억하기로 나는 초등학교 3학년 때부터 친언니와 함께 교회에 다니기 시작했다. 외할머니와 엄마의 영향으로 그 전에도 교회에 가 보기는 했겠지만 그건 기억에 없고, 신앙생활은 언니를 따라 교회에 다니면서 시작했다고 볼 수 있다. 그 교회에서 예수님을 영접하고 많은 성경 구절을 암송했으며 신앙의 기초를 쌓았다.

신앙생활을 하는 동안, 내가 가장 이해하기 어려웠던 신학적 주제는 '인간의 자유의지와 하나님의 주권' 혹은 '인간의 선택과 하나님의 예정'에 관한 것이었다. 하나님의 전지전능이 인간의 자유로운 선택을 방해하는 것처럼 보일 때가 있었기 때문이다. 하나님의 뜻 안에서 인간이 자유롭게 선택할 수 있다는 게 과연 어떻게 가능할까?

매우 실존적인 고민이었다. '내가 결혼을 **선택**하고, 두 딸을 낳기로 **선택**하고, 희은이를 입양하기로 **선택**한 것과, 하나님이 주권적으로 각각의 사건을 **예정**하신, 그야말로 운명과 같은 사건 사이에는 어떤 관계가 있을까?' 아주 구체적인 질문이 나를 따라다녔다.

인간의 선택과 신의 예정 사이에서 답을 찾지 못한 채 우왕좌왕하다가, 그 삶이 힘들어 하소연할 때도 있었다. 그때, '네가 선택해 놓고 왜 징징대느냐'는 비판을 들으면 섭섭한 마음이 들었고, 반대로 '하나님이 그렇게 되도록 하신 너의 운명이니 감사하며 감당하라'는 말을 들으면 그 말은 그 말대로 또 서운했다.

그렇다면 나는 적극적으로 입양을 선택한 것일까, 아니면 하나님이 짜 놓으신 각본에 소극적으로 응답한 것일까? 내가 아니더라도 누군가는 입양을 해야 한다는 것을 머리로는 알고 있었다. 보호가 필요한 아이들은, 조금만 눈을 돌려 보면 우리 주변에 항상 존재하기 때문이다. 아동복지법에 따르면 '요보호아동'이란 '보호자가 없거나 보호자로부터 이탈된 아동, 보호자가 아동을 양육하기에 부적합하거나 양육할 능력이 없는 경우의 아동으로서 국가의 보호가 필요한 아이들'을 일컫는다.

9,393명, 희은이가 태어난 2004년에 통계청이 발표한 요보호아동의 수다. 그중 4,004명은 미혼모가 낳아 양육을 포기한 아이들이다. 우리나라에서 미혼모로 살아가기란 여간 어려운 일이 아니다. 주변의 시선과 편견 및 사회적 차별 때문에라도 이들은 아이를 포기할 수밖에 없는 막다른 길에 몰린다. 희은이는 그해에 그렇게 부모와 헤어진 4,004명 중 한 명이었다.

그밖에도 빈곤이나 실직 같은 경제적 어려움으로 아이를 돌볼 수 없는 경우, 부모를 잃어버린 아이가 길에서 발견된 경우, 부모의 학대와 방임으로 아이가 가출한 경우 등 여러 사정으로 보호자의 돌봄을 받지 못하게 된 아이들이 매년 수천 명씩 발생한다.

부모가 양육을 포기해 버린 아이들의 이야기를 방송과 기사로 접할 때마다 나는 간절히 기도했다. 아이들이 하루라도 빨리 부모의 품으로 돌아갈 수 있기를, 그게 여의치 않다면 좋은 가정에 입양될 수 있기를 바랐다. 하지만 내가 입양을 해야겠다는 생각은 하지 못했다. 경제 사정도 넉넉하지 않고 건강하지도 않으며 게다가 아이가 이미 둘이나 있었기 때문이다.

남편이 꺼내 든 입양이라는 카드를 완전히 무시하지는 못하고 목에 가시가 걸린 듯 불편하게 지내던 때였다. 교회에서 레위기 강해 설교를 들었는데, 그날 설교자는 하나님께 드릴

예물이 어떠해야 하는지를 설명했다. 이 메시지는 내가 큐티로 묵상하던 성경 본문인 역대상에서 이스라엘 성전 과정을 묘사하는 말씀과도 연결이 되었다. 특히 성전 건축을 위해 백성들이 여러 물건을 내놓는 것을 다윗이 기뻐하면서 하나님을 찬양하는 부분이 그랬다.

> 그들이 기꺼이 주님께 예물을 바쳤으므로, 그들이 이렇게 **기꺼이** 바치게 된 것을, 백성도 **기뻐**하고, 다윗왕도 크게 **기뻐**하였다.
> (대상 29:9)

다윗은 온 회중 앞에서 주님을 찬양하였다.

> 제가 무엇이며, 저의 백성이 무엇이기에, 우리가 이렇듯이 **기쁜 마음으로** 바칠 힘을 주셨습니까? 모든 것을 주님께서 주셨으므로, 우리가 주님의 손에서 받은 것을 주님께 바쳤을 뿐입니다.…나는 정직한 마음으로 **기꺼이** 이 모든 것을 바쳤습니다. 이제 여기에 있는 주님의 백성이 주님께 **기꺼이** 바치는 것을 보니, 저도 마음이 **기쁩니다.** (대상 29:10-19)

교회나 집에서 성경 말씀을 대할 때마다 "기꺼이"(自願)와

"기쁨"이라는 단어가 내 마음에 찾아와 박혔다. 하나님이 당신의 백성이 기꺼이 드리는 예물을 기쁘게 받으시는 분이심을 하나님은 여러 차례, 다양한 경로로 말씀하셨다. 입양이라는 과제를 앞에 두고 내 발 앞에 던져진 이 단어들은 나를 가만히 두지 않았다. 마치 하나님이 이렇게 말씀하시는 것 같았다. '경아야, 네가 입양을 하든 하지 않든 나는 너를 사랑한다. 그런데 네가 나를 위해 기꺼이 내어놓는 예물을 나는 기쁘게 받을 거야. 나는 자원해서 행하는 것을 좋아해.'

역대상에는 "사는 날이 마치 그림자 같다"는 말씀이 나오는데 사랑하는 학생 수현이의 죽음을 통해 그 말씀의 의미 또한 깨닫게 해 주셨다. 영원히 살 것처럼 호기롭다가도 그림자처럼 한순간에 사라질 수 있는 게 인생이었다. 하나님은 딱딱하게 굳어 있던 내 마음을 기어이 깨뜨리셨고 나는 기꺼이 입양을 하기로 했다. 이 결정은 백 퍼센트 하나님이 예정하신 운명인 동시에 백 퍼센트 나의 선택이었다. 돌아보니 그랬다.

모든 아이는 특별하고 귀하다

대학교 3학년 때, 나의 첫 조카가 태어났다. 집안 식구들은 전폭적 환영과 사랑으로 아기를 가족으로 맞아들였다. 지방에 살던 언니가 친정에 오는 날이면, 나는 조카가 너무 보고 싶은 나머지 남자친구와의 데이트까지 취소하고 집으로 달려갔다. 하루가 다르게 커 가는 아기의 모습에 온 가족은 마음을 빼앗겼다.

조카가 제힘으로 뒤집기에 성공한 날, 우리는 함성을 질러댔다. "와아! 잘했다 잘했어!" 잇몸을 뚫고 조그맣게 올라온 쌀알 같은 아랫니가 그렇게 신기할 수 없었고 처음으로 걷는 모습에 기특해서 어쩔 줄을 몰랐다. 애정 표현이라곤 나 몰라 하는 친정아버지마저 뒤뚱뒤뚱 한 걸음씩 내딛는 아이를 환한 미소로 바라보셨다. 식구들은 저마다 나에게 와 보라고 두 팔을 내밀었고, 걸어와 안기는 아이를 품에 꼭 안아 주었다. 아이가 '후우' 하고 생일 케이크의 촛불을 끌 때면 온 가족이 둘러앉아 박수를 쳐 주었다. 가족의 사랑과 관심을 듬뿍 받은 조카의 얼굴에서는 빛이 났다.

내 조카뿐 아니라 대부분의 아기는 백일쯤 되면 스스로 제 몸을 뒤집고, 얼마 지나지 않아 앉을 수 있게 되며, 부모의 손을 잡고 잠깐씩 서 있는 시기를 거쳐, 돌 전후로 걷는다. 다른 집 아이도 다 할 줄 아는 이렇게 작은 일도 우리 집 아이가 하면 큰 경사가 되는 것이다.

나 역시 두 아이를 낳아 키우면서 아이가 자라는 순간순간마다 감동했다. 그리고 내 아이가 그러하듯 모든 아이가 특별하고 소중한 존재임을 머리뿐 아니라 몸으로 익혔다. 어떤 과정을 통해 태어났든 누구의 배 속에서 태어났든 모든 아이는 귀하다. 참으로 귀하고 귀하다. 그러니 모든 아이는 인생에서 처음 만나는 공동체, 즉 가족의 일방적 사랑 때로는 편파적 사랑을 받고 자라야 한다. 이런 열광적 애정을 받아 본 경험은 험한 인생길을 살아갈 때 자양분이 되어 줄 수 있다.

보호시설에서 지내는 아이들에 대한 이야기를 텔레비전에서 볼 때마다 마음이 아팠던 이유도 그 때문이었다. 물론 화면 속 아이들은 비교적 쾌적한 환경에서 보육사 선생님들의 따뜻한 보살핌을 받고 있었다. 그럼에도 나는 텔레비전 화면을 제대로 쳐다볼 수가 없었다. 부모와 함께 살지 못하게 된 아이들 혹은 부모에게 학대당하고 방치되어 어려움을 겪는 아이들의 실상을 접하면 언제나 가슴이 먹먹했다.

베이비 박스에 있던 아이를 입양한 어떤 가족의 이야기를 들었다. 그 아이는 입양되기 전에 보호시설을 여덟 번 옮겨 다녔다. 그 아이가 태어나서 처음 마주한 세상은 조금도 우호적이지 않았다. 여기서 나는 가족이 무슨 마법을 지녔다고 말하는 게 아니다. 또 아이에 관한 모든 책임을 가족에게만 부여하는 것도 반대한다. 한국 사회의 '가족주의'와 '정상가족'

이데올로기는 문제가 있다. 그럼에도 불구하고 아이에게는 옮겨 다니지 않아도 되는 안정적 환경, 자주 바뀌지 않는 주양육자가 절실하다.

입양 신청을 하러 간 날 영아일시보호소를 화면이 아닌 내 눈으로 직접 보고서, 나는 입양을 하기로 한 우리의 결심을 더 확고히 굳혔다. 그곳의 모든 아이가 한시라도 빨리 부모와 함께 살게 되기를, 그게 어렵다면 입양되어 더 깊은 사랑을 받으며 자라기를 기도했다.

희은이는 2004년에 발생한 요보호아동 9,393명 중 한 명이었다. 희은이 한 명 입양한다고 세상이 뭐가 달라질까 싶지만, 쳐소한 우리는 희은이라는 '우주'를 맞이했고 희은이에게는 열광적인 박수부대 가족이 생겼다.

2016년 기준 요보호아동은 4,592명이었다. 전에 비해 그 수가 많이 줄긴 했지만, 아이들의 가치는 수치로 계산되지 않는다. 4,592명의 얼굴과 사연은 모두 다르다. 우리는 그 숱한 우주 가운데 희은이라는 우주를 맞이한 것이다. 이 모든 아이들은 각자 하나의 우주로 존재한다.

선택하지 않은 고통과 은혜

"선택의 여지 없이 주어진 상황, 조건, 제약들을 그대로 인정해야 하는 것이 정말 힘들어요." 만성질병으로 오랜 시간 고통을 겪고 있는 후배와 자주 이야기를 나눈다. 치료되지 않는 병을 가지고도 일상을 살아 내야 한다는 점에서 우리는 동병상련의 아픔을 공유하고 있다. 간절히 기도해도 병이 낫지 않는 환자들만 이렇게 느끼지는 않을 것이다. 딱히 이유를 모른 채 아기가 생기지 않아 마음고생을 하는 부부나 장애를 가진 자녀를 키우는 부모 역시 이 말에 공감할 것이다.

부모님의 불화로 내 어린 시절은 너무 어두웠다. 학교를 마치고 집에 돌아갈 때면 늘 불안이 엄습했다. 부모님이 싸워서 집안이 난장판이 되어 있지는 않을지 염려했고, 집에 들어서면 엄마 표정이 괜찮은지부터 살폈다. 열 살 남짓이나 되었을까, 두 분의 싸움이 격렬해져 아버지가 식칼을 들고 엄마를 위협하던 기억도 선명하다.

나는 부모님 사이에 벌어지는 싸움과 불행을 선택한 적이 없다. 그것은 완벽하게 내 통제 밖의 일이었다. 싸우는 부모님 밑에서 주어진 조건을 받아들이고 적응해 가며 사는 것은 한시도 쉽지 않았다. 게다가 열아홉 살에 류머티즘 관절염 환자가 되고 보니, 내 삶에 선택권이 없다는 불안감은 더욱 커졌다. 운명이 내가 원하지 않는 방향으로 내 삶을 끌고 갈 바에는 살지 않는 게 좋겠다는 생각도 자주 했다.

이 세상에는 다양한 고통이 존재한다. 이미 왔으나 아직 오지 않은 하나님 나라를 기다리는 우리 모두는 불완전한 현실 탓에 많은 고통을 당한다. 숱한 고통 중에서 특히 내가 시설에서 지내는 아이들에게 마음이 쓰인 이유는 그 아이들에게 선택지가 없었기 때문이다. 내가 내 부모의 불화를 선택한 적이 없듯, 아이들은 자기를 낳아 준 부모와의 이별을 선택하지 않았고 그 과정에서 아무런 잘못도 저지르지 않았다. 아이들은 그저 주어진 상황을 받아들인 채 가족이라는 울타리 없이 험난한 세상을 살아가야 한다.

내가 원하지 않은 조건을 받아들이고 살아야 한다는 그 점 때문에 시설에서 지내는 아이 입장에서 생각하게 되었고 입양도 하게 되었는데, 같은 이유로 입양을 반대하는 의견도 있다는 것을 나중에 알았다. 입양이 아이들의 선택권을 무시하는 처사일 수 있다는 것이 입양을 반대하는 이들의 생각이다. 이 부분은 뒤에 가서 더 이야기할 기회가 있겠지만, 낳아 준 부모와 이별해서 성인이 될 때까지 시설에서 지내는 것 또한 아이들은 선택한 적이 없다. 선택의 여지가 조금도 없는 아이들에게 필요한 최선의 돌봄은 과연 무엇일까?

희은이가 일곱 살 때 있었던 일이다. 미국에 이민 가서 살고 있는 친구가 한국 아이를 입양하기로 했다. 교포라서 해외 입양 절차를 따라야 했기에 국내 입양보다 시간도 오래 걸리고 비용도 만만찮게 들었다. 햇수로 2년 넘게 기다리면서 친구는 하루라도 빨리 아이를 만나고 싶어했다. 친구에게는 당시 여덟 살 난 아들이 하나 있었다. 이 가족의 입양 계획을 알게 된 희은이가 대뜸 말했다.

"아들 하나 있으니까 됐잖아요?"

자녀가 있는데 왜 입양을 하느냐는 질문이었다. 나는 깜짝 놀랐다. 희은이 자신도 언니가 둘인 가정에 입양되었으면서 아이가 있는 부부가 입양을 하는 것을 의아하게 여긴다는 점이 신기했다.

"응? 엄마, 아빠도 딸이 둘이나 있지만 희은이를 입양했는데? 아이가 있는데 입양하는 게 이상해?"

"그거야 낳아 준 엄마가 어리고 돈이 없었으니까 그런 거잖아요."

희은이의 반응에 의문이 들었다. 만약 희은이 말대로 희은이를 낳아 준 엄마에게 돈이 많았으면 희은이는 우리에게 입양되지 않았을까? 낳아 준 엄마가 키우도록 해야 했나? 그런데 우리에게 그럴 권한과 능력이 있었나? 희은이가 우리 가족이 된 것은 하나님의 계획 속에 있었을까? 우리 부부에게 과연 입양이 **필요**했을까? 희은이는 어떻게 생각할까? 선택권 없이 입양된 것을 좋아할까, 싫어할까?

'이랬으면 혹은 저랬으면 어땠을까?' 하는 질문을 반복해 봐도 답이 없었다. 그저 희은이가 자기에게 선택권이 없었던 입양을 고통이 아닌 은혜로 고백할 수 있기를 바랄 뿐이었다.

희은이가 일곱 살 때, 이런 일도 있었다. 세 딸이 다 같이 욕조에 들어가서 씻겠다고 했다. 좁은데 어떻게 씻겠느냐고 했지만 괜찮다며 기어이 한꺼번에 욕실로 들어갔다. 까르르 웃는 소리가 들리는가 싶더니, 금세 목소리 톤이 높아지고 결국 막내 희은이의 울음보가 터졌다. '시일야방성대곡'이 따로 없을 정도로 서러운 울음이다. 저희끼리 알아서 하겠지 내버려 두었는데, 큰아이가 심각한 표정으로 욕실에서 나왔다.

"아빠 큰일 났어. 희은이가 입양되지 말걸 그랬대!"

막냇동생이 하는 말이라면 마음이 약해져서 온갖 비위를 다 맞춰 주는 큰아이 얼굴에 수심이 가득했다. 하지만 이야기를 들은 우리 부부는 웃음이 터졌다. 왜 이런 집에 입양돼서 살아야 하느냐고 따지는 것은, 다른 입양아들도 종종 써먹는 수법이기 때문이다. 나는 희연이에게 말했다.

"그러니까 엄마, 아빠한테 불만이 생기면 왜 나를 낳았느냐고, 누가 낳아 달랬느냐고 하는 애들이 있잖아. 희은이도 그거랑 똑같지 뭐."

나는 웃음을 참고 희은이에게 가서 자초지종을 물었다. 사실 물어볼 것도 없다. 맨날 똑같은 레퍼토리다. 언니들이 자기 마음에 들지 않거나, 자기를 배려하지 않는다는 등의 완전히 자기중심적인 내용이다.

아이는 다양한 방법으로 부모의 사랑을 시험한다. "누가 낳아 달라고 했느냐"라는 말이 친생자(혈연 관계인 자녀)들의 수법이라면, 입양아는 "왜 나를 입양했느냐, 이러면 낳아 준 부모를 찾아가겠다!"고 '밀당'을 한다. 간혹 어떤 입양부모는 아이의 이런 말에 당황해서 상처를 입고 눈물을 보이기도 한다.

나는 일부러 정색하고 말했다. "희은이를 입양하지 않았으면 엄마, 아빠는 어떻게 살아? 희은이 보고 싶어서 어떡해? 희은이는 엄마, 아빠 못 만나도 좋아?" 콧소리까지 섞어 가며 아양을 떨었더니 한술 더 뜬다. "그럼 언니들을 입양 보내!" 하여간 성질하고는.

어버이날이 되면 딸들은 "낳아 주시고 키워 주셔서 고맙습니다"라는 편지를 써 준다. 입에 발린 정치적(?) 수사라고 해도 편지를 받으면 기쁘다. 희은이도 두 언니들과 똑같이 편지를 쓴다. 희은이를 내 배로 낳지는 않았지만 마음으로 낳았기에 희은이의 편지 또한 기쁘게 받아 간직한다. 자신이 원해서 태어난 건 아니지만 낳아 주어서 감사하다는 희연이와 희수, 자기가 선택한 것은 아니지만 입양이 되어 감사하다는 희은이, 우리 다섯 식구는 이렇게 한 가족이다.

가족을 이루는 또 하나의 방법

신학자 제임스 패커(James I. Packer)는 『하나님을 아는 지식』(IVP)에서 신약이 가르쳐 주는 그리스도인의 삶의 핵심을 이렇게 표현했다. "신약 메시지를 세 단어로 집약해 달라고 요청받는다면, 나는 화목을 통한 양자됨(adoption through propitiation)이라고 말할 것이며, 이보다 더 풍성하거나 더 함축적인 표현이 있으리라고는 생각하지 않는다."

그는 양자됨, 곧 입양(adoption)이라는 단어를 사용하면서 하나님과 우리의 관계가 부모 자식 관계, 곧 가족 관계라고 설명한다. 성경이 우리를 하나님의 종이나 백성으로 묘사할 때도 있지만, 패커는 우리를 하나님의 자녀로 묘사한 것을 복음의 핵심 메시지로 보았다. 자녀가 된다는 것은 대체 불가능하고 고유한 지위를 가진다는 말이자, 우리와 하나님 사이를 가장 잘 설명하는 말이다. 우리도 입양을 통해 하나님의 자녀가 되었다. 그것을 우리는 '은혜'라고 부른다.

방선기 목사는 『그리스도인의 일상다반사』(포이에마)에서 입양을 간결하게 설명했다. "하나님은 한 사람을 가정의 일원으로 만드는 두 가지 방법을 주셨다. 부모를 통해서 생명이 태어나는 것이 하나요, 입양이 또 다른 방법이다. 입양은 어쩔 수 없는 대안이 아니라 하나님이 보여 주신 온전한 방법이다." **어떤 방식으로 가정의 일원이 되든지 부모 자녀 관계에서 주고받을 수 있는 사랑은 무궁무진하다.**

나는 류머티즘 관절염을 앓아 손가락들이 쭉 펴지지 않는다. 양쪽 고관절도 인공관절로 바꾸는 수술을 받았다. 남편은 어릴 적 소아마비를 앓아 보행이 불편하다. 보통 사람들과 조금 다른 우리 부부의 신체적 차이와 불편을 관찰한 희은이가 이런 말을 했다.

"엄마랑 아빠는 왜 장애인끼리 결혼했어요?"

"장애인끼리 도우면서 살려고 결혼했지. 왜? 엄마, 아빠가 장애인이라 부끄러워?"

"아니요! 몸보다 마음의 장애가 더 문제죠."

다름과 차이를 '인지'하는 것은 아주 자연스럽고 건강한 사고다. 다름을 부끄러워하고 열등하게 여기거나 차별할 때 다름은 굴레가 된다. 희은이가 우리 부부의 다름을 그 자체로 인정하는 동시에 진짜 문제가 무엇인지 알고 있어 감사했다.

입양도 마찬가지다. 입양은 출산과는 분명 다르다. 내가 낳은 아이는 아무래도 나와 남편의 유전적 특징을 물려받았을 것이다. 희은이는 자기가 언니들만큼 키가 크지 않을까 봐 걱정한다. 생모의 키가 크지 않다는 입양 기관의 기록을 보았기 때문이다. 입양아는 친생자와 달리 낳아 준 부모와 헤어지는 아픔을 겪었다. 하지만 이런 차이가 우리가 가족으로 사는 데 장애물이 되지 않는다는 것을 희은이를 포함한 우리 가족은 알고 있다. 입양 가족이어서 더 불행한 것이 아니다. 그렇다고 가족이라는 이름으로 묶이는 순간 저절로 마법 같은 힘이 생겨서 행복해지는 것도 아니다. 다만 가족 안에서 한 아이가 안전하게 또 안정적으로 성장하여 건강한 성인이 될 수 있다면 나는 그것으로 감사하고 족할 따름이다.

선택이든 운명이든

입양을 하는 것이 선택인지 그렇게 하도록 예정된 운명인지 이야기해 보려다가 글이 길어졌다. 정직하게 말하면 '입양은 부르심을 받은 자들만 할 수 있는 사명과 같은 것'이라고 말하는 사람들이 우리 사회에 하도 많아서 '정말 그러한가?' 생각해 보고 싶었다.

캔터베리 대주교를 지낸 영국 성공회 신부 로완 윌리엄스(Rowan Williams)는 2005년 1월 2일 영국 신문 「선데이 텔레그래프」(*Sunday Telegraph*)에 다음과 같은 글을 기고했다.

> 신앙인들은 자신의 한계 밖에 있는 어떤 부름과 초대에 열려 있는 사람들이고, 자신들을 향한 하느님의 자비를 받아들이라는 부름에 응하여 그 자비를 다른 사람을 향하여 실현시키는 사람들이다.…
>
> 신앙인의 반응은 지적 이해를 구하는 것이 아니라, 우리에게 열려 있는 길 중에서 그 상황을 변화시키는 길을 찾는 것이다. 특이한 사실은, 이처럼 고통당하는 사람들이든 이를 돕는 사람들이든 이러한 응답에 깊이 투신하는 사람들은 이에 대한 어떤 부족한 설명을 메우기 위해 에너지를 소비하지 않는다는 것이다. 그들은 어찌 보면 우리가 쥐어 짜내려는 철학적이고 종교적인 거창한 물음들을 경시

하는 것 같고, 이에 대해 서투르고 논리정연하지 않은 것처럼 보인다. 그러나 그들은 두 가지를 분명히 알고 있다. 그것은 계속되어야 할 어떤 용기와 비전에 대한 깨달음이요, 봉사와 사랑의 실천이라는 명령에 대한 깨달음이다. 이런 처지에서 하느님은 이들에게 그저 하나의 신실한 현존으로 나타날 뿐이다.

입양이 선택인지 예정 안에 있는 숙명인지에 대한 나의 신학적 고민도 서투르고 논리정연하지는 않은 것 같다. 하나님은 보호가 필요한 한 아이의 엄마가 되어 주라고 나를 부르셨고, 나는 그 부르심에 응답하는 아주 단순한 일을 했을 뿐인지도 모르겠다.

작가 김명인이 쓴 『부끄러움의 깊이』(빨간소금)라는 책이 있다. 나는 이 책을 읽으면서 다시 한 번 나의 고민과 선택이 서투르지만 의미 있다는 격려를 받았고 그래서 고마웠다.

잘못된 세상에서 태어난 것은 내 잘못이 아니지만, 잘못된 세상을 그대로 방치하는 것은 내 잘못이다. 왜냐하면 모두가 세상을 방치한 것은 아니기 때문이다. 누군가 잘못된 세상을 고치기 위해 자기를 희생했다면 그 순간 다른 사람들은 전부 그에게 빚을 진 것이 된다. 이 사실을 몰랐다면 한 생애가 평화로웠을지도 모른다. 하지만 일단 빚을 졌다는 것을 알고 난 뒤로는 다시는 그전으로 돌아가지 못한다. 그는 그 순간부터 영원한 채무자의 길을 나서게 된다. 그 빚을 갚지 않으면 해방은 없다.

사회의 어른으로서 시설에서 지내는 아이들에게 빚을 졌다는 느낌을 받았었는데, 나는 입양을 통해 그 빚을 조금은 갚은 것 같다. 어쩌면 내 마음 편하자고 희은이를 입양한 건 아닐까 싶기도 하다. 물론 깜냥도 안 되는 사람이 미련한 결정을 하는 바람에 고생을 사서 한다고 느껴지는 날엔 한없이 우울해지지만 말이다.

3 두려움을 내쫓는 사랑

사랑에는 두려움이 없습니다.
완전한 사랑은 두려움을 내쫓습니다.
_요한1서 4장 18절

공개와 비밀 사이에서

입양을 결정하고 나서, 가장 먼저 두 아이에게 입양에 대해 알리고 설명해 주기로 했다. 당시 열한 살이었던 큰아이는 미국에서 입양 가족을 만나 본 경험이 있어서 입양이 무엇인지 이해하고 있었다. 게다가 동생 희수와는 다른 착한(?) 동생을 바라던 상태라서 선뜻 동의했다.

문제는 다섯 살 희수에게 입양을 어떻게 설명할 것인가였다. 희수는 엄마가 아기를 낳든 입양을 하든(사실 입양이 뭔지도 몰랐다) 상관없이 동생은 원하지 않는다고 선언한 상태였다. 막내는 자기여야 한다는 강한 의지를 보이며 연신 "동생은 싫어요"를 외쳤다. 나는 속으로 말했다. '그래, 희수야. 너는 동생을 원하지 않겠지만 세상살이가 네 맘대로 되지 않는다는 것을 곧 알게 될 거야.'

고아의 아버지로 불리실 만큼 보호가 필요한 아이들을 뜨겁게 사랑하시는 하나님의 마음, 가족의 사랑이 절실한 아이들의 상황, 그 아이들 중 한 아이를 받아들이기로 한 부모의 결정, 이런 내용을 희수가 알아들을 수 있는 쉬운 말로 설명을 해 주기 위해 나는 방법을 찾기 시작했다.

사실 우리나라 문화에서 입양아는 '업둥이'와 비슷한 단어로 인식되어 온 터라 입양을 입 밖으로 꺼내면 안 된다고 여기는 사람들이 많다. 드라마만 봐도 그렇다. 입양은 누구도 알아서는 안 되는 출생의 비밀이다. 당사자가 우연히 그 사실을 알게 되면서 생기는 갈등은 입양을 소재로 만든 드라마의 클리셰다.

입양을 하기 전에 나는 공개 입양과 비밀 입양이라는 개념조차 모르고 있다가, 입양을 결심하고 정보를 찾는 과정에서 한국입양홍보회를 만났다. 입양에 대한 편견이 여전하던 때에 해외 입양인 스티브 모리슨(최석춘) 씨가 국내 입양부모 한연희 씨와의 만남을 계기로 국내 공개 입양을 장려하기 위해 1999년에 설립한 단체다. 그때 이 단체를 통해 입양 가족들을 만나서 큰 도움을 얻었다. 만약 공개 입양한 분들이 없었다면 입양 가족을 만나는 일도 쉽지 않았을 테고, 궁금한 것도 많고 걱정도 많은 나로서는 입양을 하기로 결심한 상태였음에도 실천에 옮기기까지 오래 걸렸을 것 같다.

공개 입양의 의미는 누군가의 입양 사실을 제삼자가 아는 데 있지 않다. 입양아 본인이 자신이 입양되었다는 사실을 알 수 있도록 열어 놓는 것이 핵심이다. 공개 입양을 선택한 부모들은 대체로 다음과 같은 의식을 공유한다. '입양아는 자신에게 일어난 사건과 역사적 사실을 알 권리가 있다. 입양아는 입양에 대해 부모와 열린 대화를 할 수 있어야 한다. 입양은 부끄러운 일이 아니고 잘못된 일은 더욱 아니다. 입양되었다는 사실 때문에 차별받거나 편견에 시달려서는 안 된다. 공개 입양부모는 입양에 관한 사회적 편견을 바꿔 나가기 위해 노력할 마음이 있다.'

애당초 우리 부부는 입양을 비밀에 부칠 생각조차 하지 못했다. 집안 사정을 속속들이 아는 교회 사람들에게나 선교단체에서 일하는 남편이 동료들에게 입양 사실을 어떻게 숨길 수 있겠는가. 특히 두 딸이 우리의 선택과 태도를 지켜보고 있었다. 그러니 아이들이 입양을 어떻게 생각할지는 전적으로 우리에게 달려 있었다. 가족이 아닌 사람들에게는 어떤 방법으로든 숨겨 본다 하더라도 두 딸에게 동생의 입양 사실을 숨기는 건 아예 불가능한 일이었다.

게다가 어떤 것을 숨기는 데는 엄청난 에너지가 드는 법,

우리 부부는 숨기는 데 드는 에너지를 잘 알리는 데 쓰기로 마음먹었다. 어떤 것을 숨기려고 거짓말에 거짓말을 쌓아 갈 만큼 내 머리가 잘 돌아가는 편도 아니니 잘 알리는 일만 남은 셈이었다.

한국에서 최초로 공개 입양을 선택한 선구자가 우리가 아니라는 사실은 참으로 다행이었다. 공개 입양을 한 부모들의 생생한 경험담이 한국입양홍보회 홈페이지에 올라와 있었다. 몇 살쯤 되었을 때 아이가 어떤 질문을 했는지, 부모가 어떤 대답을 해 주었는지 등 교재로 삼을 만한 이야기가 많았다. 나는 그 글들을 보고 다시 한 번 용기를 내어 공개 입양을 실천할 수 있었다.

희수에게 입양에 대해 설명해 줄 방법을 찾다가 입양부모들에게 입양 동화책을 여러 권 추천받았다. 그중 몇 권을 사서 먼저 읽어 보았는데, 난임으로 아이가 없는 부부가 입양을 한 이야기로 구성된 책이 다수였고, 입양아 입장에서 쓴 동화도 있었다.

일본의 동화 작가 게이코 가스자가 쓴 『초코 엄마 좀 찾아

주세요!』(보물창고)라는 동화가 있다. 가족이 없던 초코라는 이름의 아기 새가 곰 아주머니를 만나 아주머니네 가족이 된다는 내용이다. 다른 자녀가 있는 상황에서 아기 새를 새로 가족으로 맞이한 곰 아주머니의 상황이 우리 가족 상황과 비슷해서 희수가 이해하기 쉬울 것 같았다. 희수와 나는 같이 책을 읽으면서 대화를 이어 나갔다.

이유는 나와 있지 않지만 아기 새 초코는 돌봐 줄 가족이 없어 외로웠다. 이 부분에서부터 희수의 질문이 시작되었다. "아니, 엄마, 아빠가 왜 없어요? 잠깐 어디 가신 거 아니에요?" 다섯 살 아이로서는 너무나 당연한 질문이었다. "어떤 부모님은 일찍 돌아가시기도 해. 그리고 부모님이 아이를 키울 수 없는 형편인 경우도 있고…. 이런 일이 생기지 않으면 좋겠는데 사실 많이 생겨." 우리는 계속 책을 읽어 나갔다. 초코는 혼자 엄마, 아빠를 찾아 나섰지만 그 누구도 초코의 가족은 아니었다. 외로움에 울고 있는 초코를 알아본 곰 아주머니가 초코에게 먼저 손을 내밀었다. 곰 아주머니는 자기 아이들에게 하듯 초코를 위로하고 초코와 즐거운 놀이를 했다. 마음이 열린 초코는 곰 아주머니 집으로 함께 갔고, 거기서 곰 아주머니의 아이들과 함께 맛있는 음식을 먹고 재미있게 놀면서 한 가족이 된다.

비교적 간단하고 쉬운 내용의 동화였다. 평소 아이들에게 동화책을 자주 읽어 준 편이라 희수도 내가 어떤 분명한 목적을 가지고 이 책을 읽어 준다고 느끼는 것 같지는 않았다. 책을 읽고 나서 희수와 여러 이야기를 나누었다.

"희수야, 가족이 없는 초코 마음이 어땠을까?"

"슬펐을 것 같아요. 어떻게 아이 혼자서 살겠어요?"

"그렇겠지. 슬퍼서 울고 있었는데 곰 아줌마가 안아 주고 놀아 줘서 무척 기뻤을 거야. 게다가 곰 아줌마 집에 와서 다른 친구들이랑 놀았을 때 진짜 신났겠지?"

이쯤 되니 덩달아 희수 표정도 환해졌다.

"초코와 곰 아줌마 이야기처럼 새로 가족이 되는 건 입양이라고 하는 거야."

그러던 어느 날 후배가 집으로 놀러 왔다. 나는 후배에게 셋째 아이 입양을 준비하고 있다고 말했다. 그때 희수가 대화에 끼어들었다.

"이모, 입양은요, 가족이 없는 아기에게 새로운 가족이 되어 주는 거예요. 입양하면 제 동생이 생겨요."

다섯 살 희수가 자신의 언어로 입양을 설명하고 있었다. 사실 동화책을 읽었다고 해서 입양을 제대로 이해했을 거라는 기대를 하지는 않았다. 그러나 내 기대를 훌쩍 뛰어넘어 희수는 입양의 개념을 바로 이해했을 뿐 아니라 자기에게 동생이 생긴다는 청천벽력 같은(?) 사실을 받아들이고 있었다. 희수가 특별히 영특해서 잘 이해한 것이라고 생각하지 않는다. 부모가 어떤 일을 계획하고 결정할 때 자녀에게 어떤 말과 태도로 설명하느냐에 따라 아이들의 반응은 달라질 수 있다. 공개 입양은 이렇게 시작되었다.

희은이를 입양하고 나서 수많은 입양 가족을 만났다. 특히 10년 가까이 한국입양홍보회 강서 지역 모임 대표로 활동하면서 입양부모들을 만나 다양한 상담을 했다. 많은 부모들이 '입양한 자녀에게 입양을 공개할 것이냐, 비밀에 부칠 것이냐'와 '언제 입양 사실을 이야기할 것이냐'를 두고 고민했다. 입양 사실을 아이에게 끝까지 비밀로 하겠다는 사람도 있었고, 아이가 어느 정도 크면 말해 주겠다는 부모도 있었다. '어느 정도'에 대한 기준도 서로 달라서 누군가는 열 살, 다른 누군가는 열여덟 살이 되면 말해 주겠다고 했다.

모든 부모는 자기 아이가 아프지 않기를 바란다. 내 아이가 어떤 종류의 상처든 받지 않으면 좋겠고, 가능하다면 그 앞에 막아서서 보호하고 감싸 주고 싶다. 내가 도와줄 수 없는 고통을 내 아이들이 겪는 것은 보는 것만으로도 힘들다. 그러나 또한 모든 부모는 알고 있다. **부모가 절대 대신 살아 줄 수 없는 그들만의 인생이 있다는 사실을.** 나도 어린 시절부터 여러 상처를 받았고 상처에 딱지가 앉고 아물고 새 살이 돋는 과정을 경험하며 성장했다. 마찬가지로 우리 아이들도 그렇게 성장할 것이다. 부모가 대신할 수 없는 아이들만의 삶이 있다는 것을 인정하기까지 어쩌면 부모가 아플 수도 있다. 부모도 부모로 자라 가면서 성장통을 겪는다.

어느 날 비밀 입양을 하신 분이 우리 모임에 찾아왔다. 그분은 가족 외에는 아무도 아이의 입양 사실을 모른다고 했다. 그것이 사실인지 그분의 확신인지는 나도 정확히 알 수 없었지만…. 가톨릭 신자인 그분은 아이를 입양하면서 살던 곳에서 떠나 이사를 하고 성당도 옮겼다. 그러나 새로 정착한 마을에서 한 이웃이 우연히 그분이 아이를 입양했다는 사실을 알게 되었고, 그래서 그분은 또다시 이사를 했다고 한다. 자기 아이는 무척 예민하고 똑똑하기 때문에 입양 사실을 알면 크게 상처를 받을 것이라는 게 그분 생각이었다.

그분께 여쭈었다. 그런 생각을 갖고 계신데 이 모임에는 무슨 이유로 나오셨느냐고. 그분은 내 질문에 답은 하지 않고,

우리가 하는 이야기를 들어 보니 공개를 하고 나서 겪는 일이 쓸모없어 보인다고 말했다. 우리 모임을 통해 아이에게 입양 사실을 숨기기로 한 본인의 선택이 얼마나 옳은지를 확인받고 싶었던 것 같아 왠지 씁쓸했다.

비밀 입양을 한 다른 몇몇 부모도 모임에 다녀갔다. 그분들의 이야기를 듣고 있노라면 공개 입양을 한 내 입장에서는 솔직히 그분들이 안타까웠다. 아이에 대한 염려보다는 본인의 두려움이 먼저인 것처럼 느껴졌기 때문이다. 그분들에게 입양은 약점, 곧 다치면 절대 안 되는 아킬레스건이었다. 그분들은 입양한 아이에게도 입양 사실이 약점이라고 생각했다. 하지만 아이가 입양 사실을 모른다고 어떻게 확신하는 건지 알 수 없었다. 아이가 그 사실을 알고도 모른 척하는 것이라면 아이와 부모는 서로에게 들키지 않기 위해 필사적으로 연기를 하면서 살아야 할 텐데….

입양을 약점이라고 생각하는 한, 입양은 입양아와 주위 사람들에게 꼭꼭 숨겨야 하는 '판도라의 상자'가 된다. 그분들과 이야기를 더 나눠 보려고도 해 봤지만 대화를 이어 가기가 여간 어려운 일이 아니었다. 당연히 생각을 굽힐 의지도 찾을 수 없었다. 비밀 입양을 한 이유가 아이를 사랑하기 때문이라는 분에게 반기를 들 수는 없었다.

공개 입양과 비밀 입양은 인생을 바라보는 관점과 깊은 연관이 있다. 공개 입양을 지지하는 이들에게는 **진실**이 중요하고, 비밀 입양을 지지하는 이들에게는 **안전**이 중요하다. 나는 공개 입양을 했지만 때로 진실은 위험하다. 준비되지 않은 상태에서 진실을 맞닥뜨려야 한다면 그 진실은 아이와 가족의 안전을 위협할 수도 있기 때문이다. 하지만 자신의 입양 사실을 모르고 살다가 성인이 되어 우연히 그 사실을 알게 된 이들이 보이는 반응은 대부분 같다. 그들은 입양 사실을 비밀로 해 준 부모에게 고마워하지 않는다. 오히려 그동안 자신을 속인 것에 대해 배신감을 느낀다.

그럼에도 불구하고 비밀 입양을 지지하는 부모들의 생각은 쉽게 바뀌지 않는다. 그런 분들에게 입양 사실을 잘 공개할 수 있는 기술적 방법을 가지고 접근하는 것은 소용이 없다. 그저 사랑 안에 두려움이 없고 온전한 사랑이 두려움을 내쫓는다는 것을 삶으로 보여 줄 수밖에는.

비밀 입양을 선택하는 사람들만 나와 생각이 다른 건 아니다. 공개 입양을 마음먹은 한 입양 가족은 아들 둘을 키우다가 딸을 입양했다. 이들은 유치원생인 두 아들에게 동생의 입양에 대해 설명하지 않았다. 아직 어린아이들일 뿐이라고 생각해 굳이 입양 사실을 알릴 필요를 느끼지 못했고 그래서 시도조차 하지 않았다.

이 부부는 아이들에게 엄마가 여동생을 낳아서 데리고 왔다고 말했다. 엄마가 배부른 모습을 본 적이 없고 배 속 아이에 대한 이야기도 들은 적이 없는데 말이다. 어느 날 자기네 인생에 예고 없이 찾아든 동생에 대해 이 아이들은 어떤 마음이 들었을까? 부모가 생각하는 것보다 아이들은 상황을 관찰하는 능력이 뛰어나고, 어떤 사실을 잘 설명해 주면 단번에 쑥 이해한다. 우리 어른들은 아이를 '그저 어린아이일 뿐'이라고 무시하는 경우가 있지는 않은지 수시로 돌아볼 일이다.

진실에 근거한 자유로운 대화

희은이가 막 네 살에 접어들었을 때 있었던 일이다. 입양 가족 모임에 가는 길이었다. 길이 막혀서 조금 늦을 것 같아 조바심을 내는 나에게 희은이가 물었다.

"엄마, 우리 어디 가요?"

"응, 입양 가족 모임."

"아… (약간 뜸을 들이고서는) 낳아 준 엄마가 있지요? 낳아 준 엄마는 왜 같이 안 살아요?"

언젠가는 아이가 입양에 관한 이야기를 꺼낼 것이라고 예상은 하고 있었다. 하지만 빨라도 너무 빨랐다. 내가 잘못 들은 건가? 29개월 아이의 입에서 이런 질문이 나오다니! 네 살밖에 안 된 아이였지만 희은이는 '입양'과 '낳아 준 엄마'가 어떤 식으로든 연결이 된다는 사실을 아는 것 같았다.

아이가 처음으로 입양에 관해 질문했을 때 부모가 어떤 태도를 보이는지가 매우 중요하다는 조언을 입양 선배들에게 전부터 들어 왔는데, 내게도 아주 중요한 순간이 찾아왔다.

비밀 입양을 한 부모들도 그렇겠으나, 공개 입양을 한 부모들 중에도 아이가 처음 입양에 대해 물으면 놀라서 당황하거나 못 들은 척할 때가 있다고 한다. 심지어 화를 내거나 우는 경우도 있다고 들었다. 이런 순간을 예상했을지라도 언제, 어떤 순간에 어떤 식의 질문을 받을지는 모르기 때문이다. 아이에게 입양 사실을 숨기려고 하면 부모는 치밀한 전략을 세워 거짓말을 해야 한다. 호기심 가득한 아이의 눈망울을 바라보며 대충 얼버무려야 할 때도 생긴다. 하지만 질문에 성실하게 답변해 주지 않는 부모를 아이는 기가 막히게 알아본다.

희은이가 어떤 의도로 질문을 했는지 혹은 질문의 깊이를 알고 물어보는 것인지 알 수 없었다. 어쨌거나 희은이는 입양에 대해 질문했고 부풀리거나 꾸며서 이야기하는 것을 싫어하는 나는 가장 정직하게 대답을 해야 했다.

"그러게. 엄마도 잘 모르겠네. 왜 같이 살 수 없었는지…. 나중에 희은이가 더 크면 같이 알아보자."

희은이는 눈을 동그랗게 뜨고서 "나, 큰언니예요!"라고 말했다. 자기는 네 살로서, 이미 큰언니가 되었으니 더 크면 알려준다는 말에 동의할 수 없다는 거였다. 희은이의 말에 우리는 다 같이 웃었다.

입양 기관에서 희은이의 생모를 상담했던 사회복지사에게 이야기를 들었던 터라, 희은이를 낳아 준 엄마가 왜 희은이와 살지 못했는지 그 사연을 어느 정도는 알고 있었다. 희은이의 생모는 아버지가 돌아가시고 가난밖에 남지 않은 상황에서 어머니마저 재혼을 하신 후, 친척들 손에서 자랐다. 좀더 커서는 자퇴와 가출을 했고, 이후 빈곤이라는 고리에서 좀처럼 벗어날 수 없었다. 그런 중에도 꽃피운 사랑은 이별과 임신이라는 아픔만 남겼다. 그런 그에게 선택지는 많지 않았다. 그래서 어렵게 지켜 낸 아기를 입양 보내기로 결정한 것이다.

그 사연을 29개월 아이에게 어떻게 이야기해야 하는지 당시에는 잘 몰랐다. 다만, 그날 나는 아이가 자라면서 자신의 역사에 대해 궁금해할 때 호들갑을 떨지도 그렇다고 무심하게 지나쳐 버리지도 않는 지혜가 필요하겠다는 생각을 했다.

이 일이 있고 얼마 후, 한 가족이 집으로 놀러왔다. 그 집

둘째 아이가 엄마 젖을 먹고 있었는데 희은이가 그 모습에 큰 관심을 보였다. 고맙게도 아기 엄마가 희은이에게 가까이 와서 볼 수 있게 허락해 주었다. 아기가 엄마 젖꼭지를 물었다 뺐다 반복하며 놀고 있는 광경을 희은이는 마치 경이로운 장면인 듯 바라보았다. "우와, 우와, 신기하다"를 연발했다. 젖에서 우유가 나온다니 너무 신기해했다. 한 번도 엄마 젖을 물어 보지 못한 아이를 바라보는 내 마음은 짠했다.

"엄마 찌찌에서도 우유가 나와요?"
"아니, 엄마는 이제 안 나와. 아기를 낳아야 나오는 거야."
"나도 엄마 찌찌 먹었어요? 아, 낳아 준 엄마지."

희은이는 나에게 질문한 후 내 대답을 기다리지 않고 자기가 대답을 했다. 희은이는 엄마 젖을 물어 본 적이 없었을 테지만 나는 그 사실을 희은이에게 말하지는 않았다.

아이들은 아기가 어떻게 태어나는지에 대해 관심이 아주 많다. 말문이 트이거나 어린이집에 다니게 되면 시시때때로 물어보는 주제 가운데 하나다. 우리 집 첫째와 둘째도 그랬다. 그러니 희은이도 당연히 이런 질문을 할 것이었다. 그런데도 나는 희은이가 어린이집에서 성교육을 받고 와서, "나도 엄마 배 속에서 나왔지요?"라고 말하며 내 품에 뛰어들었을 때 적 잖이 당황했다. 1초가량 아무 말도 나오질 않았다. 입양에 대해 희은이가 할 수 있는 가장 중요한 이 질문을 언젠가 하리라 예상했는데도 말이다. 숨을 한 번 고르고 입양 선배들이 알려 준 지혜로운 답변을 희은이에게 들려주었다.

"희은아, 세상의 모든 아기는 다 엄마가 낳는 거야. 아빠 배 속에서 태어나는 아기는 아무도 없거든. (이 말을 듣고 희은이는 깔깔대며 웃었다.) 희은이도 낳아 준 엄마가 희은이를 배 속에 품고 있다가 낳아 주셨지. 그런데 희은이를 낳아 주신 엄마, 아빠는 희은이를 돌볼 수가 없었대. 그래서 우리가 희은이의 새로운 가족이 되었어. 그걸 '입양'이라고 불러. 뭐라고 부른다고?"

내 말을 따라 희은이가 또박또박 대답했다.

"입. 양."

이날의 사건으로 나는 앞으로 희은이가 어떤 질문을 해 오더라도 최소한 우리 가족 사이에 입양을 소재로 한 대화의 창구가 열려 있다는 사실을 희은이가 알게 되었을 거라고 생각했다. 하지만 아직 많이 어렸던 희은이가 희은이만의 방식으로 입양을 이해했다는 걸 얼마 후에 알았다. 어느 날, 어린이집에 다녀온 희은이가 자랑스럽게 이야기를 시작했다.

"엄마, 엄마! 오늘 선생님이 가족에 대해서 이야기했는데요. '아기가 어떻게 태어나는지 아는 사람?' 하고 물어봐서 내가 손을 들었어요. 선생님이 앞에 나와서 이야기해 보라고 해서 내가 이렇게 말했지. '낳아 준 엄마가요, 저를 낳았는데요, 키울 수가 없어서요, 지금 우리 가족을 만났어요.'"

나와 희연이, 희수는 아주 잘했다고 '물개박수'를 쳤다. 희은이 말이 이어졌다.

"그런데 엄마, 다른 애들 되게 웃기다! 수민*이는 자기가 엄마 배 속에서 '으앵' 하고 태어났대. 되게 웃기지? 그게 아닌데…"

'이게 무슨 소리지?' 의아했다. 이야기를 더 들어 보니, 희은이는 모든 아이가 입양이라는 방법으로 '태어난다'고 알고 있었던 것이다. 아기는 모두 엄마 배에 있다가 태어나는 거라고 말해 주었더니 희은이의 표정이 잠깐 굳어지면서 혼란스러운 듯 보였다. 그러더니 이내 "아니야, 내 말이 맞아!" 하면서 쪼르르 뛰어갔다. 아기가 태어난다는 것과 가족이 된다는 것을 이해해 가는 데 따르는 필수적인 혼란이었다.

이 어린이집을 희은이는 3년 넘게 다녔다. 그 기간 동안 희은이의 입양 사실을 선생님들께 일부러 밝히지는 않았다. 딱히 계기도 없었고 앞서 말했지만 공개 입양은 주위에 입양 사실을 알리는 것이 핵심이 아니기 때문이다. 아이와 자연스럽게 입양에 대한 대화를 나누는 것을 우선순위에 두고 있던 때라서 나는 주로 희은이에게 집중했다.

그러다 원장 선생님과 면담할 기회가 있었다. 원장 선생님이 조심스럽고도 낮은 목소리로 희은이를 입양한 거냐고 물으셨다. 내가 다니는 교회에 어린이집을 운영하시는 분이 계신데, 그분이 관내 어린이집 원장 모임에서 이분께 희은이 입양 이야기를 하셨다고 한다. 원장 선생님의 질문에 당황하지는 않았지만, 다른 사람들이 희은이의 입양 사실에 관심이 많다는 걸 확인한 순간이었다. 일부러 숨기려던 건 아니었는데, 내가 직접 이야기했으면 좋았을 뻔했다. 이야기가 나온 김에 선생님께 부탁했다. 앞으로 아이들에게 가족에 대해 가르칠 때, 출산과 함께 입양도 가르쳐 주시면 좋겠다고. 다행히도 열린 생각을 갖고 계신 선생님은 그렇게 하겠다고 약속하셨다.

나의 부탁이 어린이집 교육 과정에 이후에 어떤 식으로 반영되었는지는 잘 모른다. 우리는 이사를 하면서 그 동네를 떠났고 희은이는 곧 초등학생이 되었다. 그래도 이 사건은 초등학교 선생님들과 어떤 식으로 입양 이야기를 나누면 좋을지 고민하는 계기가 되어 주었다.

입양 선배들도 이 점에 대해서는 의견이 분분했다. 아이가 모범적으로 지내면 입양 사실이 이점으로 작용하는 반면, 아이가 지닌 독특성이나 아이가 일으킨 문제 행동의 원인을 입양으로 돌리는 경우도 있다고 했다. 한국 사회 정서가 몸에 배어 있는 교사들의 경우, 입양이라는 이야기를 듣고 바로 편견을 가지고 아이를 대하는 경우도 있다고 들으니 갈 길이 멀게만 느껴졌다. 입양이 보통 사람들에게 그 자체로 화두가 되는 현실이라니…. 배로 낳았든 입양을 했든 그게 무슨 상관이지? 모든 아이에게는 장점과 단점이 있기 마련 아닌가? 학교 생활을 하면서 공개 입양이라는 이슈가 수면 위로 올라올 것을 생각하니 걱정이 되었지만, 한편으로는 이런 현실을 알아서 다행이기도 했다.

희은이가 일곱 살 때였다. 샤워를 마치고 나온 희은이를 닦아 주는데, 뜬금없이 이런 말을 꺼냈다.

"자기가 낳은 아기를 남한테 주면 얼마나 슬플까요?"

이런 이야기를 할 만한 정황이 있었던 것도 아닌데 갑작스러운 질문이었다.

"그래, 얼마나 슬플까, 많이 슬플 것 같아…. 그렇게 슬픈데 낳아 준 엄마는 희은이를 왜 입양 보냈을까?"

"음, 음…." 희은이는 그 이유를 찾아보려고 애를 썼다.

"엄마 생각에는, 낳아 준 엄마가 희은이를 사랑해서 가장 좋은 선택을 한 걸 거야. 희은이가 더 많이 사랑 받으라고."

"내 생일을 (낳아 준) 엄마가 기억할까요? 애기집(영아일시보호소를 희은이는 이렇게 불렀다. 아기들이 많은 집이어서 그런 것 같다)에 무슨 이야기라도 했을 걸요?"

낳아 준 엄마가 생일을 축하한다는 전화라도 하지 않았을까 기대하는 마음이 들었던 것 같다.

"희은아, 희은이 생일에 낳아 준 엄마도 당연히 희은이 생각을 하실 거야. 자기가 낳은 아기는 절대 잊을 수가 없거든."

옆에서 우리의 대화를 듣던 큰딸이 희은이에게 물었다.

"희은아, 그래서 너도 슬퍼?"

고개를 갸우뚱하고 잠시 생각하던 희은이가, 아주 중요한 한마디를 했다.

"아니, 난 그냥 **궁금할 뿐**이야."

그날 대화의 끝에 희은이는 이런 결론을 내렸다.

"엄마, 입양은 슬프기도 하고 기쁘기도 한 거네요."

나는 무슨 뜻인지 알아들었지만, 짐짓 모른 척하며 물었다.

"왜 그렇게 생각해?"

"낳아 준 엄마는 자기 아이를 보내서 슬프지만 우리는 입양 때문에 기쁘잖아요."

나는 희은이를 꼭 안아 주었다. 일곱 살 희은이가 내 품에 쏙 안겼다.

희은이가 초등학교 2학년 때 이사를 했다. 이삿짐 정리를 하다가 입양하면서 받은 희은이 탯줄 조각을 발견했다. 시설에 있을 때 어떻게 지냈는지를 기록해 둔 서류들도 함께 있어 우리 가족은 모두 모여 그 서류들을 읽으며 이야기꽃을 피웠다. 희은이는 낳아 준 부모를 만나 보고 싶다고도 했고 막상 만나도 할 이야기는 없다고도 했다. 알지 못해도 보고 싶을 수 있고, 알지 못하니 할 이야기가 없다는 희은이의 말은 얼마나 정확한가. 누군가는 가슴 떨려 꺼내지도 못한다는 이런 이야기들을 우리는 서슴없이 나누었다.

"그런데 희은아, 어떤 분들은 엄마, 아빠가 너를 입양했다는 걸 어린 너한테 말했다고 걱정하기도 해."

"아니, 왜요? 나중에 알게 되면 더 배신감 들 텐데요."

"입양 이야기는 아이 마음을 너무 힘들게 할 거라는데? 너는 어떻게 생각해?"

"아니요. 나는 힘든 것 중에 입양 이야기는 맨 나중이에요."

"그럼 희은이는 뭐가 제일 힘들어?"

"음…음…사실은 없네요."

"엄만 알아. 상장 못 받는 것도 힘들고, 수학문제 푸는 것도 힘들고…."

"그건 그렇네요. 헤헤."

공개 입양을 했지만 그렇다고 평소에 입양 이야기를 입에 달고 살지는 않는다. 그래도 희은이와 시시때때로 입양에 관해 이야기를 하곤 한다. 생글생글 웃으며 낳아 준 엄마를 만나고 싶다는 말을 꺼내기에 "만나면 어떻게 인사할 거야?" 하고 물었다. 희은이는 다양한 버전으로 인사말을 연습했다.

"안녕하세요 엄마! 아냐, 이건 너무 손님한테 하는 인사 같아요. 이건 어때요? 엄마 안녕? 컴 히어!"

희은이는 깔깔대고 한참을 웃었다. 이 아이와 입양 이야기를 할 때면 언제나 유쾌하다. 언젠가 희은이가 낳아 준 엄마를 만나서도 이렇게 유쾌할 수 있으면 좋겠다.

숨기지 않아도 괜찮아

공개 입양을 했다고 해서 예상과 대처가 가능한 일만 생기는 것은 절대 아니다. 뜻하지 않은 순간에 상처받는 일이 생기기도 한다. 그건 당사자인 희은이뿐 아니라 희연이, 희수도 마찬가지였다. 입양 가족 모임에 갈 때면 희연이와 희수도 늘 함께해 왔기에, 입양이 우리 아이들에게는 너무나 자연스러운 주제다. 하지만 아이들의 친구들에게 입양은 아직 많이 낯선 주제고 편견도 심하게 작용한다.

"네 동생 고아라며?"라는 친구의 말에 희연이가 상처를 받은 일도 있고, 주말 동안 있었던 일을 이야기하는 시간에 입양 가족 모임에 다녀온 희수의 이야기를 들은 한 친구가 방과 후 "네 동생 쓰레기통에서 주워 왔다며?"라고 놀리며 따라온 일도 있다. 그날 희수는 펑펑 울면서 집에 왔다. 동생이 입양아여도 이런 말을 듣는 일이 생기는데 당사자인 희은이가 어떤 일을 겪을지는 눈에 선했다.

어른인 나도 더하면 더했지 예외가 될 수는 없었다. 어느 날엔가 교회에서 한 아이 엄마가 나에게 하소연을 해 왔다. 그 엄마는 최근에 동생이 태어나 퇴행 증상을 보이는 큰아이에 대해 걱정했다.

"제가 임신했을 때부터 바지에 쉬를 싸더니 동생 태어나고도 계속 그러네요. 젖 끊은 게 언젠데, 새로 젖을 달라고 하고 집에서는 비디오만 봐요."

그 아이는 교회 식구들에게 엄청 사랑받는 아이였는데, 퇴행 증상이 교회에서도 보였던지 장로님 한 분이 아이를 염려하면서 이렇게 말했다고 한다.

"아들 좀 잘 챙겨. 꼭 입양한 애 같잖아."

아이 엄마는 내가 희은이를 입양한 사실을 알면서도 거리낌 없이 내게 그 말을 전했다. 분명 나쁜 의도가 없는 말인 것을 알았기에 나는 가만히 듣고만 있었다. 하지만 내 심장은 가만히 있지 못하고 벌렁벌렁거렸다. '입양한 아이'는 어떤 아이일까? 그런 말을 하신 장로님이나 아무렇지도 않게 그 말을 전하는 아기 엄마나 참 무심했다. 아니, 너무했다.

내 경험은 새발의 피다. 사람들이 별 생각 없이 던지는 한마디 말에 상처 입은 입양 가족의 사례만 따로 책으로 묶어도 족히 몇 권은 될 것이다. 이런 일을 겪으면서, 입양을 바라보는 시선이 대체로 부정적이라는 걸 새삼 확인했다. 나는 궁금했다. 입양을 이런 식으로 바라보게 만든 편견은 대체 어디에서 왔을까? 이 편견에 대해 토론해 보고 싶다…. 이 궁금증은 후에 내가 입양 교육 강사가 되는 데 한몫을 했다.

공개 입양으로 자랐을지라도 공개 여부나 방식은 아이 성향에 따라 모두 다르다. 어떤 아이는 아무렇지 않게 입양 사실을 말하는가 하면, 이야기를 전혀 꺼내지 못하는 아이도 있다. 가족들이 다른 사람들에게 입양 이야기를 하지 못하게 하는 아이도 있다. 아이는 때를 봐서 자기가 하고 싶은 만큼 자기 방식으로 이야기를 꺼낸다.

희은이는 자신이 입양되었다는 이야기를 아무 데서나 아무한테나 하지 않았다. 사람을 오래 관찰하다가 자기 기준에 믿을 만한 혹은 입양을 이해할 만한 사람이라는 판단이 들면 자기 이야기를 했다. 내가 자신의 허락 없이 다른 사람에게 입양 사실을 이야기하는 것도 좋아하지 않았다. 그렇게 되면 사람들 입에 자기 이야기가 오르내릴 거라고 걱정했다. 어떤 식으로든 튀고 싶지 않은 마음이 희은이에게 있었던 것 같다. 그래서 나는 입양 교육 강사로 일하기 시작한 후에도 정작 희은이가 다니는 학교에는 갈 엄두를 내지 못했다.

희은이가 초등학교 2학년 때 있었던 일이다. 희은이 친구 세령*이가 집으로 놀러왔다. 둘이 신나게 놀다가 밥도 같이 먹었다. 밥을 먹다가 세령이가 내게 물었다.

"아줌마, 희은이가 입양됐어요?"

"응. 세령이는 그걸 어떻게 알았어?"

"희은이가 말해 줬어요."

"세령아, 너는 입양이 뭔지 아니?"

"네. 희은이가 그것도 말해 줬어요."

세령이가 집으로 돌아간 후 나는 희은이에게 물어보았다.

"어떤 상황에서 입양 이야기를 하게 된 거야?"

"엄마가 그거 물어볼 줄 알았어요. 근데 비밀이야."

"아잉, 엄마 궁금해. 희은이가 그냥 뜬금없이 이야기했을 리 없잖아?"

희은이는 멋쩍은 웃음을 지어 보이며 말했다.

"세령이가 4학년 오빠랑 사귄대요. 근데 세령이가 스물여섯 살이 되는 5월에 그 오빠랑 결혼을 하겠다는 거예요. 내가 '스물여섯 살은 너무 어린 거 아니야? 어릴 때 결혼해서 애기 낳으면 네가 키우지 못할 수도 있어. 그러면 애기를 키워 줄 부모님을 찾아 달라고 애기집에 부탁해야 돼' 하고 말했죠. 그랬더니 세령이가 '너는 어떻게 그렇게 잘 알아?'라고 물어서 '내가 입양됐으니까'라고 말해 줬어요."

나는 말했다. "엄마는 큰언니를 스물다섯 살에 낳았는 걸?" 그러자 희은이는 매우 의아해하며 물었다. "그렇게 어린 나이에 어떻게 애기를 키웠어요?" 희은이는 자기가 혹시 어린 나이에 결혼을 하면 애기를 못 키우게 될까 봐 걱정이라고 했다.

"희은아, 희은이는 낳아 준 엄마, 아빠가 자기 아기를 키우는 게 제일 좋다고 생각해?"

희은이는 주저 없이 대답했다.

"당연히 그렇죠."

희은이는 그렇게 조금씩 자신을 바깥으로 드러냈다.

희은이가 2학년을 마칠 때쯤인 11월 어느 날, 나는 엄마가 아니라 입양 교육을 하는 선생님으로서 희은이네 반에 가서 입양 교육을 했다! 며칠 전부터 "정말 엄마가 오는 거냐?"며 믿을 수 없어 하던 희은이는, 그날은 깨우지 않았는데도 아침 일찍 일어났다. 좋기도 하고 긴장도 되는 모양이었다. 희은이를 먼저 학교에 보내고 나는 평소보다 신경을 써서 화장을 하고 옷을 차려입었다. 늘 바쁜 남편도 그날의 특별한 광경을 사진으로 남기려고 동행했다.

바라지는 않았지만 예상 가능했던 사건으로 인해 시작된 일이었다. 희은이가 처음으로 입양 사실을 말했던 친구 세령이. 학년 초 둘은 단짝이었고 양쪽 집을 오가며 우정을 쌓아 갔다. 둘의 우정이 잘 이어졌으면 좋으련만 두 아이는 서서히 멀어지더니 그만 앙숙이 되어 버렸다. 급기야 세령이가 희은이의 입양 사실을 다른 친구들에게 퍼뜨린 모양이었다.

하루는 놀이터에서 같이 그네를 타고 놀던 어떤 친구가 희은이에게 "너 입양 됐어?"라고 물었다. 세령이에게 들은 이야기라고 했단다. 희은이는 "그렇다"고 대답했다. 하지만 그 뒤에 들은 말이 희은이를 화나게 만들었다. "세령이가 그러는데, 너는 입양되어서 이상한 애니까 놀지 말라고 하더라."

집에 돌아온 희은이는 한바탕 눈물을 쏟았다. 세령이가 다른 친구에게 자신의 입양 이야기를 한 동기, 그 저의가 나쁘다며 분통을 터뜨렸다. "나는 입양 사실이 알려져서 부끄럽고 슬픈 게 아니에요. (흑흑) 그래도 한때 친했던 친구인데, 서로 비밀로 하자고 약속한 걸 어떻게 이렇게 깰 수가 있어요?" 희은이는 꺼이꺼이 울음을 토해 낸 후에야 진정이 되었다.

이 일을 계기로 희은이는 내가 자기네 반에 와서 입양 교육을 해 주면 좋겠다고 부탁했다. "세령이가 어차피 다 말하고 다닐 텐데, 그러지 말고 엄마가 와서 친구들한테 제대로 설명해 주면 좋겠어요."

반갑게 맞아 주시는 담임 선생님의 지원에 힘입어 수업은 잘 진행되었다. 평소 동네에서 자주 마주치던 친구의 엄마를 선생님으로 만나니 아이들은 무척 신기한 모양이었다. 아이들의 시선은 쉽게 집중되었고 나는 준비해 간 대로 수업을 진행해 나갔다. 결혼이나 출산과 마찬가지로 입양이 가족이 되는 방법 중 하나임을 아이들 눈높이에 맞춰 설명할 때 아이들의 눈빛과 표정이 달라지는 게 보였다. 낳아 준 부모와 함께 살 수 없는 아기들이 있다는 사실, 또 그 아기들에게 가족이 필요하다는 사실을 아이들은 잘 이해했다.

수업 내내 희은이는 좀 긴장한 것처럼 보였다. 하지만 수업 끝부분에서 희은이가 어렸을 때 찍은 사진과 우리 가족이 함께 찍은 사진 등을 보여 주자 다른 아이들과 마찬가지로 깔깔대며 웃었다. 예전에 희은이는 자기 사진을 다른 사람에게 보여 주는 걸 무척 싫어했다. 희은이는 귀염이 넘치는 얼굴이고 그래서 사람들이 사진을 보며 귀엽다고 말해도 시큰둥했다. 그런데 자기 사진을 보며 친구들과 함께 웃는 모습을 보니 내심 걱정했던 내 마음도 놓였다.

아이들은 수업이 끝나고 다양한 피드백을 해 주었다. 희은이가 행복해 보인다고 했고 입양이 이상한 게 아니라는 걸 알았다고 했다. 입양이 비밀스러운 것이 아니고 누군가의 잘못은 더욱 아니며 세상을 살아가면서 입양되었다는 사실이 약점으로 작용할 수 없다는 것을 희은이의 친구들이 알게 되었으니 그날 수업은 매우 성공적이었다.

아이러니하게도 그날 세령이는 결석을 했다. 감기로 학교에 오지 못했는데, 이 모든 상황을 알고 계셨던 담임 선생님도 그 점을 아쉽게 생각하셨다. 하지만 세령이가 희은이의 입양 사실을 가지고 놀리는 건 불가능해졌다. 수업을 마치고 집에 돌아와서 나는 담임 선생님께 문자메시지를 보냈다. 이런 기회를 주셔서 감사하다고. 곧 선생님으로부터 답장이 왔다.

"희은이에게 이번 일이 자신을 사랑하고 가족의 소중함을 배우는 기회가 되리라 봅니다."

희은이는 이날의 경험을 일기로 남겼다.

오늘 학교에서 입양 교육을 받았다. 내가 입양이 되어서 입양에 대해 얼마 정도는 알았는데, 모르는 것도 많이 있었다. 선생님은 내 엄마다. 수업이 정말 재미있었다. 입양이 되는 방법도 배웠고, 편견이라는 단어도 배웠다. 저절로 집중이 되었다. 내가 왜 입양이 되었는지도 알았다. 친구들에게 입양이 된 걸 알리니까 마음이 편했다. 그리고 학교에서 엄마를 보니까 반갑고 엄마가 학교에 있으니까 신기했다. 이런 좋은 기회가 있어서 기쁘다. 입양은 특별한 거다.

그날 이후, 희은이는 적극적으로 자신의 입양 사실을 이야기하고 상대방의 반응에 유연하게 대처할 줄도 알게 되었다.

진짜 아무렇지도 않아

희은이는 운동에 재능이 있는 아이다. 제 언니들보다 몸 쓰는 걸 잘한다. 두발자전거도 일찍 탔고 수영도 금세 배웠다. 그러던 중 우연한 기회에 희은이의 재능이 기계체조 감독님의 눈에 띄었다. 희은이는 그 감독님의 권유로 체조부가 있는 학교로 전학하여 3학년 때부터 학교 수업이 끝나고 늦은 시간까지 훈련을 받는, 운동선수로서의 고된 일상을 시작했다.

절대적으로 많은 시간을 공유하는 체조부 친구들과 어느 날 혈액형 이야기를 하게 되었다고 한다. 희은이는 A형이다. 나는 B형이고 남편은 O형이라, 우리 부부 사이에서 생물학적으로 A형이 태어나는 건 불가능하다. 그 사실을 우리가 미리 알려 주어서 희은이도 알고 있었다. 입양 당시에 입양 기관은 우리 부부 사이에서 태어날 수 있는 혈액형의 아이를 입양하겠느냐고 물었다. 하지만 그럴 필요가 없었다. 어차피 공개 입양으로 자랄 아이이므로 혈액형은 문제가 되지 않았다. 아이들끼리 돌아가며 부모님과 자신의 혈액형이 뭔지 이야기하다가 차례가 되어 희은이는 아무렇지 않게 말했단다.

"엄마는 B형, 아빠는 O형이고, 나는 A형이야."

아이들은 그런 조합은 불가능하다며 희은이를 몰아붙였다. 희은이는 당황하지 않고 의연하게 대처했다.

"내가 아직 너희한테 이야기하지 않아서 그런데, 나는 입양되어서 그래. 입양되면 혈액형이 맞지 않을 수도 있는 거야."

희은이의 설명을 들은 아이들은 잠시 조용히 있다가 이내 질문을 쏟아 놓았다.

"학교에 오는 그 엄마가 너를 입양한 엄마야?"

"응!"

"너, 언니 두 명 있잖아. 그 언니들도 입양된 거야?"

"아니, 언니들은 우리 엄마가 낳은 건데?"

희은이는 친구들의 질문에 씩씩하게 잘 대답했다.

"근데 엄마, 진짜 웃긴 질문이 뭐냐면요, 애들이 '그 엄마가 너를 사랑해 줘?' 그러더라고요."

"그래서 뭐라고 대답했는데?"

"얘들아, 집에서 나는 막내야. 막내가 제일 사랑받는 거야. 그리고 사랑해 주려고 입양하는 건데 당연히 사랑해 주지, 안 사랑하겠어?"

자기가 얼마나 능숙하게 잘 대처했는지 말하는 희은이가 나는 너무나 자랑스러웠다. 비슷한 일은 희은이가 기계체조에서 양궁으로 종목을 변경한 후에도 생겼다. 이번에도 혈액형과 관련한 이야기였는데 희은이는 예전보다 더 담담하게 입양을 설명했다. 그 이야기를 들은 한 선배는 "그런데 넌 진짜 아무렇지도 않아?"라고 몇 번이나 물었다. 그 상황에서도 희은이는 웃으며 이렇게 대답했다고 한다. "아무렇지 않으면 안 되는 건가요?"

최근에 희은이는 양궁부 선배와 이런 대화도 주고받았다.

"낳아 준 엄마 찾고 싶지 않아?"

"왜 아빠는 안 찾아요?"

"그렇네…."

"낳아 준 엄마랑 살고 싶지 않아?"

"지금 엄마랑 평생 살았는데 언니 같으면 전혀 모르는 사람이랑 살고 싶을 것 같아요?"

"그렇네…. 그래도 한번 보고 싶지 않아?"

"어릴 때 찾아보고 싶어서 기관에 말했더니 좀더 커서 찾아보면 좋겠다고 하더라고요."

"그럼 지금 찾아보면 되잖아."

"학교 다니고 운동하느라 너무 바쁘잖아요."

"그렇네…."

질문에 질문으로 답할 줄 아는 희은이! 거침없는 희은이 말에 선배가 엄청 당황했을 것 같기도 하다.

작년 5월 11일, '입양의 날'을 맞아 한 방송사로부터 생방송으로 진행되는 저녁 뉴스에서 인터뷰를 하자는 요청을 받았다. 갑자기 연락이 온 터라, 학교에 있는 희은이에게 텔레비전에 제 사진이 공개되어도 괜찮은지 허락을 받을 수가 없었다. (아이가 크면서 허락받아야 하는 일이 점점 늘어난다.) 3분짜리 짧은 인터뷰를 누가 볼까 싶었는데, 뉴스가 끝나고 지인들이 문자메시지와 SNS로 제법 인사를 건넸다.

문제는 다음 날 일어났다. 아침부터 희은이네 반 친구들이 삼삼오오 모여서 희은이를 힐끔힐끔 보더란다. 희은이는 단번에 눈치를 챘다. '엊저녁 뉴스를 본 거구나!' 이야기를 전해 듣던 중에 내가 "어이쿠, 기분 나빴겠다"라고 했더니 웬걸, 이렇게 대답하는 게 아닌가. "아니요, 애들이 귀엽잖아요. 나한테 물어보면 될걸, 저희끼리 수군거리는 게 웃기더라고요." 결국 한 아이가 희은이에게 와서 '뉴스에 나온 사람이 네 엄마가 맞느냐, 네가 입양된 게 맞느냐' 묻더란다. 희은이는 사실을 사실대로 대답해 주었다.

어릴 적 소심했던 희은이는 사춘기에 접어들면서 이렇게 능글맞아졌다. 물론 공개 입양으로 자란 아이가 다 이렇게 시원시원한 건 아니다. 기질과 성격에 따라 입양 사실을 받아들이고 드러내는 모양새는 천차만별이다. 또 희은이가 언제까지나 지금과 같으리라는 보장도 없다. 중요한 사실은 밖으로 어떻게 드러내든, 입양 자체가 희은이 자신에게 불이익이 되어서도 안 되고 될 수도 없다는 점을 희은이가 잘 알고 있다는 것이다.

모두를 배려하는 안전한 입양 문화

미국에 살던 시절, 〈어답션 스토리즈〉(Adoption Stories)라는 텔레비전 프로그램을 즐겨보았다. 입양 사례에 대한 다큐멘터리 시리즈인데, 가족이 되는 하나의 방식으로 입양에 접근하는 것이 의미 있었다. 특히 입양과 관계가 있는 모든 사람을 배려하려는 사람들의 태도가 인상적이었다.

위탁 가정에서 지내던 십 대 소녀가 임신을 했는데 출산과 동시에 아이를 입양 보내기로 출산 전에 결정했다. 입양할 부모도 정해진 상황이었다. 출산이 임박해진 산모는 위탁부모와 병원에 갔고, 위탁부모와 아기를 입양할 입양부모가 산모의 곁을 지켜 주었다.

입양을 보내기로 결정은 했지만 쉬운 이별은 세상 어디에도 없다. 아이를 보내며 미어지는 가슴을 부여잡는 생모와 결혼 18년 만에 입양으로 아이를 얻게 된 입양부모…. 이들은 모두 슬픔과 기쁨이 범벅이 되어 눈물을 흘렸다.

아이를 떠나보낸 생모에게는 열흘이라는 시간이 주어진다. 그 기간 안에 입양을 취소하면 아이를 다시 데려와 생모가 키울 수 있다. 출산이라는 어마어마한 수고를 거치면서, 또 태어난 아이의 얼굴을 보고 난 후에 산모의 심경이나 결심이 달라질 수 있다는 여지를 남겨 놓고 다시 한 번 숙고할 수 있는 시간을 주는 것이다.

열흘이 지나고 생모와 입양부모, 입양 기관, 친척과 친구들이 모인 자리에서 판사는 생모에게 지금의 결정이 무엇을 의미하는지 재차 확인했다. 생모는 생모로서 입양부모에게 바라는 점과 지금의 심정 등을 적은 글을 미리 준비해 와서 읽어 나갔다. 입양부모 역시 아이에게 어떤 부모가 되어 줄 것인지를 적어 와서 다짐하는 시간을 가졌다. 그 후 법원의 최종 판결로 입양 과정이 마무리되었다.

이 과정을 보며 여러 점에서 놀랐다. 이들은 입양 과정을 거치면서 누구 하나 배제하지 않았다. 누구도 억울함을 느끼지 않도록 세심하게 배려했다. 자신들이 하고 있는 일의 의미, 자신들이 내리는 결정이 어른인 본인뿐 아니라 어린 생명에게 미칠 영향까지 분명하게 인식하고 과정에 참여했다. 친생부모가 입양부모를 선택할 수 있다는 점도 인상적이었다. 입양부모가 원하는 아이가 있더라도 친생부모가 반대하면 입양은 성사되지 않는다. 그만큼 친생부모의 권리도 인정을 받는다.

이들의 지혜는 감탄을 자아내게 했다. 이렇게 하는 것이야말로 제대로 된 공개 입양이 아닐까 싶었다. 부모가 어떤 환경에 처해 있든지 자기가 낳은 아이를 잘 키울 수 있도록 돕는 사회 분위기와 제도를 함께 만드는 것, 친생부모가 아이를 입양 보내려고 할 때 그것이 무엇을 의미하는지 온전히 인지할 수 있게 도와주고 증인들 앞에서 결정하게 하는 것, 친생부모와 입양부모 모두가 부모의 역할을 재천명하고 좋은 부모가 되기로 결심하는 것, 입양 기관과 법원 모두 자신들의 역할을 슬기롭게 감당하는 것 등 어느 하나 아쉽거나 모자란 부분이 없었다.

   진실에 근거해 안전한 입양 문화를 정착하는 일은 우리나라 현실에서는 여전히 시기상조일까? 그러나 "믿음은 우리가 바라는 것들을 보증해 주고 볼 수 없는 것들을 확증해 줍니다"(히 11:1)라는 말씀에 기대어, 우리 사회가 언젠가 이런 모습으로 변화할 것이라고 나는 감히 믿고 있다.

4 입양, 묻고 답하다

그러므로 여러분은 열성을 다하여
여러분의 믿음에 덕을 더하고, 덕에 지식을 더하고,
지식에 절제를 더하고, 절제에 인내를 더하고,
인내에 경건을 더하고, 경건에 신도 간의 우애를 더하고,
신도 간의 우애에 사랑을 더하도록 하십시오.
_베드로후서 1장 5-7절

무지와 편견을 넘어서

입양의 세계를 조금만 들여다보면 그 안에도 무척 많은 이슈가 존재한다. 특히 입양 가족으로 살다 보면 배워야 할 게 넘쳐난다. 당장 내 아이의 문제이기 때문이다.

예를 들자면 이런 이슈가 있다. 신생아가 아닌 조금 큰 아이, 일반적으로 돌이 지난 아이를 입양하는 것을 '연장아 입양'이라고 한다. 태어나서 1년 넘게 보호시설에서 누군가와 애착을 형성하고 적응하며 살던 아이가 어느날 갑자기 낯선 곳으로 옮겨져 살아야 한다면 그 충격이 얼마나 클까? 가족이 함께 이사해도 그 나이 또래 아이는 큰 스트레스를 받는 법인데 말이다. 그래서 큰 아이를 입양하는 것은 '연장아 입양'이라는 별도의 카테고리로 구분될 만큼 준비와 공부가 필요하다.

그렇다고 연장아 입양이 무조건 어렵기만 한 것은 아니다. 일정한 시간 동안 반복해서 아이와 만나거나 함께 나들이를 가는 등 아이와 친해질 수 있는 시간을 가지고 관계를 쌓은 후 입양하여 행복하게 사는 가정도 많다. 선한 의도에 더해 신뢰를 쌓기 위해 노력한다면 연장아 입양도 충분히 가능하다.

입양에 성차별이 존재한다는 점은 알 만한 사람은 아는 사실이다. 국내로 입양되는 아이의 70퍼센트가 여자아이다. 키우기가 좀더 쉽고 귀엽다는 등 여러 이유가 반영된 결과다. 그 결과 남자아이들은 주로 해외로 보내진다. 입양부모의 선호는 존중되어야 하겠지만, 남자아이라는 이유로 입양 대상에서 제외된다는 아이들이 있다는 사실 때문에 마음이 무겁기도 하다. (나 역시 딸을 입양했으니 이 부분에서는 할 말이 없다.)

다른 입양부모들을 만나 교제하면서 이런 상황을 알고 나니 갓 태어난 신생아, 그것도 딸을 입양한 우리는 아주 편하게(?) 입양을 한 것 아닌가 싶기도 했다. 변명 아닌 변명을 하자면, 남자아이의 국내 입양이 어렵다는 사실은 전에도 알고 있었던 터라 나와 남편은 원래는 아들을 입양하자고 이야기를 끝낸 상태였다. 그런데 갈수록 마음이 불안해졌다. '딸만 둘을 키웠는데 아들을 어떻게 키울까? 기저귀는 어떻게 갈지?' 하는 아주 사소한 걱정이 몰려온 것이다. 주위 사람들도 아들 키우는 데 에너지가 훨씬 많이 든다고 내 건강을 고려해 딸을 입양할 것을 권유했다. 아들을 입양하면 두 딸과 성별이 다르니 방도 여러 개 있어야 할 것 같았다.

고민을 거듭한 끝에 결국 딸을 입양하기로 했지만, 돌아보면 아들이든 딸이든 큰 문제는 되지 않았을 것 같다. 그렇다고 이제 와서 잘못했다고 반성할 일도 아니다. 희은이가 우리 집에 온 그 순간부터 희은이는 누구와도 바꿀 수 없는 소중한 우리 가족이 되었기 때문이다. 어쨌든 다양한 입양 가족들을 만나다 보면 입양을 둘러싼 여러 이슈가 존재한다는 것을 알게 된다.

나처럼 출산을 하고 나서 입양을 한 가정과, 난임 혹은 불임으로 갖은 마음고생을 하다가 입양을 한 가정의 경우 마주하게 되는 고민도 각각 다르다. 나는 내가 낳은 두 아이에게 장점과 단점이 있다는 걸 안다. 내가 낳았어도 내 마음대로 되지 않는 게 자식이라는 것도 잘 안다. 그래서 희은이의 단점이 발견될 때나 희은이가 문제 행동을 할 때 그건 내가 낳지 않아서가 아니라 그 아이의 독특한 특징이라는 걸 받아들였다. 아이를 낳은 경험이 없는 입양부모는 이 부분에서 혼란을 겪기도 한다. '내가 낳지 않아서 아이가 이러는 걸까?'라는 불안과 의심, 내가 낳은 아이라면 이렇지 않았을 거라는 신기루 같은 희망을 두고 제법 치열하게 싸워야 한다.

입양 가족은 입양 자체에 대한 여러 이슈뿐 아니라, 입양 가족으로서 사회적으로도 다양한 상황에 처할 수 있다. 아쉽게도 대개는 사회의 편견 때문에 고충을 겪거나 난처해지는 경우가 많다. 어떤 입양아는 "입양되었으니 복 받은 거다. 엄마, 아빠에게 효도해라"라는 말을 듣고 말할 수 없는 부담을 느꼈다고 한다. 아이와 입양에 대해 이야기를 하려면 아이를 먼저 배려하는 것이 어른의 도리일 텐데, 이야기를 듣고 있던 나까지 속이 상했다.

입양한 아이를 두고, 그 가정의 남편이 외도를 해서 낳아 온 아이라는 소문이 돌아 힘들어하는 가족도 보았다. 확인을 거치지 않은 무성한 소문들 때문에 그 가정은 일상의 평범함을 찾기 위해 한동안 애써야 했다. 그 소문이 나에 대한 것이라면 당장 기분이 어떨지 한 번만이라도 생각해 보면 좋았을 텐데, 다른 이의 심정을 헤아려 보는 그 한 번의 배려가 참 어렵다.

사회의 인식을 바꾸기 위해 제일 앞장서는 사람들은 공개 입양을 한 부모들이다. 이들은 입양이 '남의 자식'을 맡아 대신 키우는 것이 아니라, '내 자식'과 함께 사는 일이라는 것을 보여 주기 위해 힘닿는 대로 노력한다. 적극적으로 방송에 출연하고 어느 언론이건 불러 주는 대로 인터뷰를 하고 자료를 제공한다. 숨지 않고 앞에 나선다.

입양 가정도 여느 가정과 다름없이 평범하게 살고 있다는 것을 직접 보여 주면, '우리'의 이야기를 하면, 입양아는 문제가 많을 거라고 보는 사람들의 편견이 조금은 깨지지 않을까 하는 기대에서다. 또한 입양을 했다고 하면 엄청난 일을 한 것처럼 여기며 "존경스럽다"고 말하는 사람들이 많은데, 특별히 선하거나 특별히 잘살거나 특별한 이유가 있는 사람만 입양을 할 수 있는 게 아니라, 사실은 누구라도 할 수 있는 의미 있는 일이고 가족을 이루는 또 다른 과정이 될 수 있다는 것을 보여 주기 위해 그렇게 한다.

나도 방송 출연과 언론 인터뷰를 몇 번 해 보았다. 입양 가족들을 인터뷰한 책에 우리 가족 이야기가 실리기도 했다. '우리 이야기를 들어 준다니 얼마나 감사한가!'라는 단순한 생각으로 쉽게 승낙했다. 하지만 방송 출연이나 인터뷰는 여간 성가신 일이 아니다. 겨우 몇 분, 심지어 몇 장면만 나오는데도 하루 종일 촬영하기도 한다. 그러나 나도 다른 입양부모들과 같은 생각에서 이 모든 일을 한다. 우리 집을 공개하고 우리 가족이 살아가는 이야기를 가감 없이 드러내는 이유는 오로지 하나다. '입양 가족도 평범한 이웃이구나. 아이에게는 가족의 사랑이 정말 필요하구나. 우리도 한 아이의 가족이 되어 주는 건 어떨까?' 방송과 기사를 보고 단 한 명이라도 이런 마음을 갖게 되면 참 좋겠다는 것, 그것이 입양부모들의 한결같은 바람이다.

입양 교육 강사가 되다

입양을 제대로 알리려는 노력 중 하나가 '반편견 입양 교육'이다. 입양부모들은 일찍이 자원봉사로 학교나 기관, 교회 등을 찾아다니며 입양에 대해 바르게 알리는 교육을 해 왔다. 이런 활동은 입양부모들 중 적합한 사람을 강사로 교육시켜 학교 현장으로 파견하는 교육 사업으로 발전했다.

무언가를 설명하고 설득력 있게 전달하는 일을 꽤 잘한다고 생각해 온 나는 이 일이 매력적으로 느껴졌다. 특히 그 주제가 입양이라면 더 해 보고 싶었고 실제로 너무나 필요한 일이었다. 내가 이 일을 잘할 수 있을지는 미지수였지만, 필요와 호기심에 이끌린 나는 희은이가 초등학교에 입학할 무렵 입양 교육 강사에 도전했다.

올해로 7년째 입양 교육 강사로 일하고 있다. 유치원생이든 대학생이든, 학부모든 교사든 상관없다. 학교와 단체, 교회 등 불러 주는 곳이면 어디든 찾아가 입양 교육을 한다. 무슨 일이든 처음은 어려운 법인지라 나도 처음부터 만족스러운 강의를 하지는 못했다. 머릿속에서 뱅글뱅글 도는 내용을 개념화하고 정확한 용어로 표현해 내는 숙제를 푸는 데 제법 시간이 걸렸다. 두루뭉술하게 알고 있던 지식도 올바르게 숙지해야 했다. 행여 내 강의로 인해 누군가에게 상처를 입히거나 잘못된 정보로 혼란을 주지 않으려고 열심히 공부했다. 강사들끼리 수시로 모여 회의하고, 더할 내용과 뺄 내용을 점검하면서 강의안을 만들었다. 벽 보고 혼자 말하는 시간이 되어선 안 되겠기에 교수법 강의도 듣고 다른 강사의 수업을 참관하기도 했다.

입양 교육 강사 7년차인 지금 가장 큰 변화는 내 마음이 느긋해졌다는 점이다. 입양을 잘 설명할 수 있게 된 건 물론이고 부모가 된다는 게 무엇인지, 가족으로 산다는 건 어떤 것인지 전보다는 넓은 안목으로 바라보게 되었다.

입양 교육의 내용은 대략 이렇다. 먼저 혼자서 생존과 성장을 할 수 없는 아이들에게 가족이 얼마나 중요하고 필요한 존재인지를 일깨운다. 우리 주변에 다양한 형태의 가족이 있다는 점도 이야기한다. 혼자 사는 사람도 있고(1인 가정) 엄마나 아빠가 외국에서 온 사람도 있고(다문화 가정), 할아버지, 할머니와 살고 있는 친구들도 있다(조손 가정). 엄마 혹은 아빠와만 사는 아이도 있다(한 부모 가정). 우리 주변에서 얼마든지 쉽게 마주하는 이런 다양한 이웃들과 더불어 살아야 한다고 강조한다. 이런 내용은 초등학교 저학년 교과 내용에도 들어 있다. 입양 가정도 그런 여러 형태의 가정 중 하나라는 점을 분명히 한다.

그런데 가정 안에서 자라지 못하는 아이들이 생긴다. 이런 일이 일어나지 않으면 좋으련만, 이런 경우 보육원이나 그룹

홈, 위탁 가정 등에서 생활한다. 그 아이들 중 일부는 우리나라 안에서 입양되기도 하고 다른 나라로 입양되기도 한다.

입양 교육 강사는 입양부모 중에 선발하는 것이 원칙이다. 따라서 입양부모인 강사는 자기 가족이 입양을 하게 된 과정과 실제로 어떻게 살고 있는지 사진이나 동영상을 보여 주면서 설명한다. 실제 경험을 이야기할 때 학생들은 훨씬 큰 관심을 보이고 솔직하고도 재미있는 대화가 이어진다. 이어 궁금한 내용을 질문받아 답하고 교육 전후로 입양에 대해 바뀐 생각이나 느낌이 있는지 피드백을 받는다.

나는 가능하면 강의 끝 무렵에 강의 평가서를 받는다. 이를 바탕으로 좋은 평가를 받은 항목을 다음 강의에 반영하고 그렇지 않은 부분에서는 과감하게 강의 내용을 바꾼다. 특별히 강의를 듣고 나서 관점의 변화가 생겼다는 평가를 받을 때 가장 기분이 좋고 감사하다. 한 사람의 생각이 바뀌는 것은 누구보다 그 자신에게 엄청난 변화이기 때문이다. 그가 살면서 만나게 될 입양아는 불필요한 오해를 사지 않아도 되고, 부당한 이유로 차별을 겪지 않을 수 있다.

"입양된 아이들의 입장에서 생각해 볼 수 있었어요."
"우리 가족도 입양을 했으면 좋겠어요."

"솔직히 입양에 대한 편견이 없지는 않았어요. 이번 강의를 계기로 이런 제 생각이 거짓말 아니고 정말 완전히 해결된 것 같아요."

"입양아는 불쌍하다고 생각했는데 그런 생각이 바뀌었어요. 가족이 되려면 무조건 피가 섞여야 한다는 제 생각이 편견이라는 것도 알게 되었습니다."

"저는 우연히 태어난 게 아니라 긴 시간이 걸려 세상에 태어난 거였네요. 오랜 시간 저를 품어 주신 엄마께 감사하는 마음이 생겼어요."

"독신도 입양을 할 수 있다는 걸 알게 되어서 좋았어요. 이번 교육을 통해 입양 방법과 조건도 알게 되었네요."

"선생님 본인의 이야기를 해 주셔서 더 잘 이해할 수 있었어요."

"드라마나 뉴스에서 입양을 자극적으로만 다뤄서 안 좋게만 생각했는데, 건강하고 정상적인 관계로 살아가는 입양 가족의 이야기를 알게 되어서 좋았어요."

"누구나 자기가 낳은 아이를 잘 키울 수 있는 좋은 사회가 되면 좋겠어요."

흔한 비유지만 나는 이런 작은 생각의 변화가 나비효과가 되어 우리 사회 전체의 인식을 바꿔 낼 거라고 믿는다.

이 학교 저 학교 보따리장수처럼 돌아다니면서 강의하다 보면, 미처 예상하지 못했던 일들도 종종 생긴다. 내가 하는 일이 좋은 일이고 꼭 필요한 일이라는 생각에는 변함이 없지만, 가슴속 깊은 곳에 슬픔을 꼭꼭 묻어 두고 사는 아이들을 만날 때면, 해 줄 수 있는 게 없어 괴롭기도 하고 자괴감이 일 때도 있다.

중학교 3학년인 한 아이는 수업 후 이런 글을 남겼다. "선생님, 저는 어렸을 때부터 장애가 있다는 이유로 시설에서 살다가 2학년 때 그룹홈에 왔어요. 저는 저를 낳아 준 부모를 원망하지 않고 지금까지 그룹홈에서 행복하게 잘 살고 있어요. 그게 옳은가요?" 나는 멍해져서 아무 생각도 할 수 없었다. 그 학생은 왜 자신이 처한 상황과 형편이 '옳은 것'이냐고 물었을까? 내 강의에서 '옳지' 않다고 느낀 부분이 있었던 걸까? 장애가 있는 아이를 시설로 보낼 수밖에 없었던 부모의 마음은 오죽했을까. 그래도 자신의 처지를 비관하지 않고 행복하게 지낸다니 너무 고마웠지만 또한 너무 마음이 아팠다. 교육을 마치고 집으로 돌아와 그 아이의 메모를 발견했는데, 다시 그 아이를 만날 수 있다면 이렇게 말해 주고 싶은 마음이 굴뚝같았다. "애야, 나는 정말 네가 행복하기를 바란다."

한번은 이런 일도 있었다. 보통 수업 전에 보육원에서 지내는 학생이 있는지 선생님께 확인을 하는데, 그날은 깜박 잊고 수업을 진행했다. 수업 후 맨 뒷자리에 앉아 수업을 들은 체구가 자그마한 아이가 내게 다가와 말했다. "선생님, 저는 보육원에 살아요. 저도 입양되고 싶어요." 나는 말없이 그 아이를 꼭 안아 주었다. 그것밖에 해 줄 수 있는 게 없었기 때문이다. 그 아이가 입양될 확률은 지극히 낮으니 보육원에서 지내는 게 최선이라고 말해 주어야 했을까? 그 친구가 입양될 수 있다는 헛된 기대를 품게 만든 것 같아 자괴감이 들고 괴로운 순간이었다.

가끔 선생님들의 사연을 듣는 경우도 있다. "선생님, 오늘 강의 정말 좋았어요. 사실 저도 입양을 했거든요." 초등학교 3학년 담임 선생님이셨는데 정말이지 너무나 반가웠다. 선생님은 내 손을 맞잡은 채 짧은 시간이었지만 살아온 인생을 쏟아 놓으셨다. "우리 집 첫째는 장애를 가지고 있어요. 둘째는 병으로 잃었고요…. 그 후에 세 살배기 아이를 입양해서 그 아이가 벌써 열 살이랍니다."

장애아를 키우는 고된 삶 속에서 사랑하는 아이와 사별하는 고통까지 감내해야 했던 선생님은 복받치는 울음을 참지 못하셨다. 그 고통을 승화시켜 셋째를 입양하기로 작정하기까지의 사연을 세세히 듣지 않았지만 선생님의 마음을 알 것만 같았다. 나는 그분께 입양 가족 모임을 소개해 드리고, 후에 아이와 함께 꼭 만나자고 말씀드렸다.

한번은 어떤 선생님이 수업을 마치고 가는 나를 굳이 지하철역까지 태워 주시겠다고 했다. 차를 타고 가면서 그분은 친척이 비밀 입양을 했는데, 친척들이 모일 때마다 아이 귀에 입양 사실이 들어갈까 봐 전전긍긍한다고 했다. 직계가족은 어떻게든 입막음을 할 수 있지만 친척들이 모이는 자리에서 비밀 입양한 부모가 불안해하는 건 당연지사다. 나는 정직하게 말씀드렸다. "입양 사실을 끝까지 숨기는 건 불가능에 가까워요. 숨기는 데 드는 에너지를 잘 알리는 데 쓰시는 게 어떨지 친척 분께 말씀드려 보세요. 공개 입양 가족 모임도 있으니 도움도 받으실 수 있어요."

입양한 내 자식이 좀더 괜찮은 환경에서 살게 하려고 시작한 입양 교육이었다. 하지만 그런 내 이기심이 무색하게 다양한 사연을 접한다. 때로 너무 가슴 아프고 너무 기쁘고 감사한 사연들이다. 이런 예기치 못한 순간, 예상치 못한 사연을 접할 때면 나는 내가 하는 이 일에 경외감마저 든다. 다양한 사람들을 만나 그들의 이야기에 귀 기울여 주라고 하나님이 나를 부르신 것일까 하는 생각도 든다.

난처할 때도 있고

입양부모로서 입양에 대해 많은 것을 아는 것과 입양 교육 강사로서 현장에서 입양이라는 주제로 소통하는 것은 전혀 다른 문제다. 특히 그중에서도 학교라는 현장은 변수가 너무 많다. 같은 학교, 같은 학년이라도 학급마다 분위기나 반응이 아주 다양하다. 강사로 일한 첫해에 나는 학교 현장을 직접 목격하고 큰 충격을 받았다. 무기력해 보이는 학생들, 권위주의적인 교사들을 보면서 내가 학교 다닐 때와 큰 변화가 없다는 생각에 딸들을 학교에서 빼내야 하나 하는 위기감마저 들었다.

입양 교육이 성적과 전혀 상관이 없다는 사실을 간파하고 문제집을 꺼내서 공부하는 학생, 수업 내내 팔짱을 끼고 나의 빈틈을 발견하려고 애쓰는 것처럼 보이는 학생, 왜 남의 입장을 헤아려야 하느냐고 대놓고 투덜대는 학생도 있었다. 그러니 거울을 꺼내 놓고 화장을 하는 건 애교로 보이고 차라리 엎드려 자는 학생이 예의가 있다고 느낄 때도 있었다. 간식으로 관심을 끌어 보기도 하고, 교수법에서 배운 팁을 활용해 보기도 했지만 역부족일 때도 많았다.

나는 가능한 방송 수업은 피하려고 하는데, 사정상 어느 고등학교에서 2학년 전체를 대상으로 방송 수업을 한 적이 있다. 학교 일정 때문에 5분 늦게 수업을 시작해야 했는데, 담당 교사는 도리어 나에게 "수업 뒤에 다른 행사가 있으니 5분 일찍 끝내 주세요" 하고 요청했다. 앞뒤 일정 사이에 내 수업을 끼워 넣어 시간을 때우려고 한 것 같아 씁쓸함을 지우기 힘들었다.

물론 매해 입양 교육을 신청하는 교사도 있고, 입양뿐 아니라 우리 사회 소수자를 편견 없이 대해야 한다는 것을 가르쳐야 한다고 생각하는 교사들도 있다. 그런 분들을 만나면 귀인을 만난 것처럼 반갑다. 하지만 전반적으로는 학교 교육이 이대로여도 괜찮을까 하는 문제의식을 지울 수 없었다.

양질의 강의를 준비해야 하고 효과적으로 전달해야 하는 일차 책임은 강사인 나에게 있다. 하지만 처음부터 끝까지 부정적이거나 무기력한 아이들을 마주할 때면, 내 수업에만 문제가 있다고 국한해서 생각되기보다는 우리나라 교육 전반에 문제가 있지는 않나 하는 의문도 들었다.

문제의식이 생기면 가만히 있지 못하는 성격인지라 관련 책들을 좀 찾아보았다. 그중 문화학자 엄기호의 『교사도 학교가 두렵다』(따비)는 교사 입장에서 학교 현장을 이해하도록 도와주었다. 교사들의 목소리를 통해 이야기를 접하면서 실제 문제가 무엇인지, 그 속에서 교사들이 어떻게 살아가고 있는지 간접적으로나마 알 수 있었다. 『대한민국 부모』(문학동네)라는 책을 읽으면서는 부모인 우리가 얼마나 병들어 있는지 알았다. 여러 문제의 뿌리에 사회 구조적 모순과 부조리가 존재한다는 분석도 접했다.

학교 현장을 이해하는 안목이 넓어지면서 학생과 교사 그리고 학부모 모두 애쓰며 살고 있다는 생각이 들었다. 모두 각자의 위치에서 최선을 다하고 있었다. 그래서인지 요즘은 학교에서 불편한 상황을 맞닥뜨려도 측은지심으로 바라보게 되고(물론 머리 끝까지 화가 날 때도 있다!) 이 땅의 어른으로서 아이들을 사랑으로 가르쳐야 한다고 되뇌며 나를 다독이고 선생님들을 위로하는 데까지 이르렀다.

입양 Q&A

매번 강의 평가를 받듯, 강의 후반부에는 꼭 질의응답 시간을 갖는다. 사소한 질문에도 중요한 통찰이 담겨 있고 아이들의 원초적 질문은 결국 나를 돌아보게 해 주는 계기로도 작용해서 나는 이런 시간을 참 좋아한다. 학교뿐 아니라 교회나 여러 단체에서 강의를 한 후에도 이런 시간을 갖는데, 입양에 관해서는 나이에 관계없이 궁금해하는 내용이 비슷한 것 같다. 그래서 주요 질문들과 그에 대한 내 대답을 정리해 보았다. 내 목표는 최대한 객관적이고 상식적인 정보와 의견을 건네되, 가급적 내 경험이 더해진 이야기를 친근한 방식으로 전함으로써 강의를 듣는 사람들이 입양에 대해 가졌던 잘못된 정보나 편견을 없애 주고, 입양에 대한 관심을 일으키는 것이다. 무엇보다 나는 입양을 한 나나 남편이 대단한 사람이 결코 아니라는 것, **입양도 결국 삶이라는 것을 말하고 싶다. 아름답고 누추한 그래서 평범하고 결국에는 충만한 삶 말이다.**

"왜 입양을 했나요?"

입양부모마다 입양을 한 이유가 모두 다를 거예요. 우리 가족의 경우, 남편은 '아이는 많으면 많을수록 좋다'는 입장이어서 셋째를 원했고, 입양도 남편이 먼저 제안했지요. 저 역시 아이는 보호시설보다는 가정에서 가족과 함께 자라야 한다고 생각했어요. 하지만 막상 입양을 하기까지는 고민을 많이 한 게 사실이에요. 우리 가족처럼 아이가 있는데 입양을 하는 경우도 있고, 난임으로 아이를 얻지 못해 입양으로 아이를 얻는 경우도 있어요. 이렇게 가정마다 각각 사연이 있답니다.

"딸이 둘이나 있는데 셋째까지 딸을 입양한 이유는 무엇인가요?"

처음에는 아들을 입양하려고 했어요. 국내 입양의 경우 딸과 아들의 입양 비율이 7 대 3 정도라고 들었기 때문이죠. 보호시설에 남자아이들이 많다고 하니 우리라도 아들을 입양하자고 생각했어요. 그런데 막상 아들을 키우는 게 자신이 없었어요. 여러 번 숙고하고 가족회의를 거쳐 딸을 입양하기로 바꿨죠. 입양 아동의 성별은 입양부모가 입양 기관과 상담하면서 결정할 수 있답니다.

"다른 아이도 있었을 텐데 왜 희은이를 입양했나요?"

입양을 하려는 부모는 입양 상담을 하면서 아이의 성별과 연령대를 두고 상담사와 의논을 해요. 입양부모마다 생각이 다양한데, 우리 부부의 경우에는 여자 신생아를 입양하고 싶었어요. 입양 기관이 우리 부부를 상담한 후에 연결해 준 아이가 '희은'이었지요. 희은이가 아니어야 할 이유가 전혀 없었어요. 그래서 희은이를 입양한 거죠. 입양부모와 다른 부모와의 차이점이 뭔지 알아요? 우리는 입양 아동 모두를 내 아이로 생각하는 경향이 강해요. 어쩌면 저 집 아이가 내 아이가 되었을 수도 있었으니까요. 저는 이 모든 과정을 운명 혹은 신의 섭리라고 생각해요.

"입양할 때 다른 가족, 특히 어르신들이 반대하지는 않았나요?"

우리 부부는 결혼하고 나서 집안 문제를 결정할 때, 부부가 상의하고 결정해 왔어요. 남편이 유학을 갈 때도, 아이를 낳을 때도, 이사할 때도 그렇게 했지요. 양가 어르신들과도 의논을 했지만 결정의 권한과 책임은 우리 두 사람에게 있었어요. 입양 역시 그렇게 결정했고요. 어른들이 걱정하기도 하고 반대도 하셨지만 그냥 그분들의 마음에 잘 공감해 드렸어요. 그렇다고 그분들의 걱정이 우리 결정에 걸림돌이 될 수는 없었지요.

하지만 어르신들의 반대를 넘어서지 못해 입양을 포기하는 가정도 여전히 많아요. 한 가정에 아이가 생기는 건 확대 가족에게까지 영향을 미치는 일이긴 하지만, 저는 결정은 성인인 부부의 몫이라고 생각해요. 당연히 책임도 그 부부에게 있고요.

우리 집 두 아이의 경우, 큰아이는 입양을 찬성했지만 당시 다섯 살이었던 둘째는 반대했어요. 막내로 자라 왔기에 그 자리를 뺏기고 싶지 않았던 거죠. 그런 둘째의 마음을 공감해 주었지만 마찬가지로 그 아이의 반대가 입양을 접어야 하는 이유는 될 수 없었어요. 오히려 적극적으로 아이에게 입양을 설명하고 이해시키려고 노력했어요.

"아이에게 입양 사실을 알린 이유는 무엇인가요? 그리고 어떻게 알렸나요?"

입양은 아이의 중요한 역사적 사실이에요. 이 사실을 숨겨야 한다는 생각을 해 본 적이 없기도 하지만, 비밀로 한다는 것도 불가능해 보였어요. 그렇다면 입양아가 자신의 입양 이야기를 친척이나 이웃 같은 제삼자가 아닌 부모에게서 듣고 아는 것이 맞다고 생각해요. 한국 사회에서 입양을 숨겨야 한다고 생각하는 이유가 입양이 약점이자 놀림감으로 작용될 때가 많기 때문이거든요. 입양 교육을 통해 여러분은 입양이 더 이상 차별의 명분이 되지 않는다는 점을 배웠으리라 믿어요.

입양 사실을 알릴 때, 드라마에서 흔히 보듯 갑자기 출생의 비밀을 터뜨리는 게 아니에요. 우리 가족은 희은이가 어릴 때부터 입양을 소재로 한 동화책을 읽어 주었고, 자라면서 희은이가 출생이나 가족에 관한 질문을 하면 솔직하고 쉽게, 자연스럽게 대화를 나누었어요. 이건 단지 입양에 국한된 이야기가 아니에요. 사랑 안에서 진실을 말하는 것은 인간관계의 지혜라고 생각해요.

"자신이 입양되었다는 사실을 알면 상처받지 않을까요?"

희은이의 경우 새로운 가족을 만나는 것으로 입양을 이해해서 상처를 받지는 않았어요. 다만 낳아 준 엄마가 자기를 떠나보낼 때 슬퍼했을 거라는 이야기를 한 적은 있답니다. 여기서 한 가지 분명히 짚고 넘어가야 할 것이 있어요. 입양아는 친생부모와 이별하는 경험을 했어요. 그건 바꿀 수 없는 사실이에요. 그러니 자라면서 어떤 식으로든 그 상처가 드러날 수 있어요. 희은이도 상실의 상처에 따른 후유증이 있었고요. 하지만 입양아는 상처를 혼자 겪지 않아도 돼요. 새로 만난 가족이 아이 곁을 늘 지켜 주기 때문에 아이도 잘 이겨 낼 수 있을 거라고 믿어요. 낳아 준 부모님과 사는 아이들도 상처를 받기도 하고 또 회복의 과정을 거치면서 단단하게 자라잖아요. 사는 게 그런 것 아닐까요?

"입양한 아이가 나중에 낳아 준 부모를 찾아가겠다고 하면 어떡하나요?"
희은이는 앞으로 생모를 만나고 싶어 해요. 생부에 대해서는 기록이 없어서 기회가 없을 것 같고요. 초등학교 입학 전에는 만나고 싶다는 이야기를 종종 했는데 커 가면서 자기 일상이 바쁘니까 요즘은 그런 이야기를 안 하네요. 그래도 언젠가 만날 기회를 만들어 보려고 해요.

이렇게 이야기하면 여러분은 아마 이런 상상을 할 거예요. '그러다 아이가 엄마를 따라간다고 하면 어쩌려고?' 그런데 만약 드라마에 나오는 것처럼 아이가 낳아 준 엄마와 함께 살겠다고 말한다고 쳐 봐요. 하지만 희은이의 법적 보호자가 저와 제 남편이라는 사실은 변하지 않아요. 입양은 법적으로 인정받는 가족을 구성하는 방법이기 때문이죠. 우리 가족이 속한 입양 가족 모임에서 입양아와 친생부모가 만난 경우가 제법 있어요. 그 아이들 중에 낳아 준 부모를 따라가 살겠다고 말한 경우를 들어 본 적은 없어요. 친생부모와 여러 차례 만나는 경우도 있는데, 그 만남이 꾸준히 이어지지는 못하더라고요.

"희은이의 '진짜 엄마'는 누구인가요?"
이 질문을 하신 분이 '진짜 엄마'라는 단어를 썼어요. 질문하신 분께 제가 다시 질문할게요. '진짜 엄마'는 누구를 지칭하는 말이죠? 낳아 준 엄마, 곧 생모를 말하는 거죠? 그런데 생모가 '진짜 엄마'라면 저는 '가짜 엄마'일까요? 우리는 왜 생모를 '진짜 엄마'라고 부를까요? 저는 입양부모가 더 '진짜'라고 말하고 싶지는 않아요. 다만 사람에 대해 '진짜' 혹은 '가짜'라고 구별하고 논하는 것 자체에 대해 생각해 보면 좋겠어요.

원래 질문으로 돌아가서, 우리는 희은이 생모를 만나 본 적이 없어요. 입양 기관을 통해 그분이 미혼모였고 어떤 상황에서 아이를 입양 보내게 되었는지 들은 게 전부예요. 희은이는 언젠가는 낳아 준 부모님을 만나고 싶어 해요.

"입양을 할 때 돈을 내나요? 혹은 입양을 하면 돈을 받나요?"

돈은 예민한 사안이고 실제 돈과 관련한 질문을 많이 받는 편이에요. 희은이를 입양할 당시만 해도 '입양 수수료'라는 명목으로 돈을 내야 했어요. 지금은 달라졌지만 희은이가 있었던 곳은 미혼모 쉼터를 함께 운영하고 있어서 미혼모와 아기에게 드는 비용의 일부를 입양부모로부터 충당해 왔던 거죠. 입양 수수료가 우리 가족에게는 꽤 큰돈이었지만 기꺼이 지불했어요. 이를 두고 입양부모가 돈을 주고 아이를 산다는 비판도 있었지만 그건 명백한 오해예요. 입양부모는 자신들이 입양한 아이가 그곳에서 지내면서 들어간 비용을 부모의 심정으로 후원하는 거죠.

2007년부터는 정부가 이 수수료를 부담하고 있고, 지금은 오히려 정부에서 입양부모에게 일정액의 보육료를 지원하고 있어요. 입양아들은 1급 의료급여 수급자가 되어서 혜택을 받고, 필요하면 심리 정서 회복을 위한 치료비 지원을 받을 수도 있어요. 입양부모들이 보육료 지원 때문에(돈 때문에) 입양한 게 아니냐는 의심을 받는 경우도 있는데, 아이들이 시설이 아닌 가정에서 자랄 수 있게 하자는 정부 취지에 공감하는 게 우선 아닐까 싶고요. 가끔 그런 지원을 악용하는 사례가 기사로 나오곤 하는데, 비난받아 마땅하다고 생각해요.

미혼부모 지원은 하지 않으면서 입양 가정에 지원을 한다는 비난도 있는데, 입양 가정에 먼저 지원을 한 건 사실이에요. 물론 지금은 미혼부모에게도 지원금이 나와요. 현재는 시설에서 지내는 아동을 위한 지원금이 제일 많은데, 낳은 부모가 아이를 잘 키울 수 있도록 정부가 일관성 있는 정책을 세울 필요가 있다고 봐요.

"입양은 몇 명까지 할 수 있나요?"

부부가 아이를 낳을 때 나라에서 그 수를 제한하지 않듯이, 입양도 몇 명까지 가능하다는 제한은 없어요. 다만 입양 과정에서 입양 가정의 경제력 등을 고려해서 입양 기관이나 법원이 제한을 둘 수는 있을 거예요.

"입양부모의 나이에 제한이 있나요?"

네, 제한이 있어요. 결혼한 부부의 경우 스물다섯 살 이상이어야 하고 입양 아동과 나이 차이가 60살 이내여야 해요. 독신의 경우에는 서른다섯 살 이상이어야 하고 입양 아동과 나이 차이가 50살 이내여야 해요. 이런 나이 제한은 때때로 변하기도 해서 입양 기관에 문의를 해 보는 게 정확해요.

"입양한 아이를 다시 입양 보내기도 하나요?"

사랑해서 결혼한 부부도 헤어지고, 심지어 자기가 낳은 아이도 입양을 보내잖아요. 이런 일들이 일어나지 않으면 좋겠지만 일어나는 게 현실이에요. 마찬가지로 입양했다가 아이를 포기하는 안타까운 경우도 있어요. 이런 걸 '파양'이라고 불러요. 입양과 파양의 결정 모두 이제는 법원에서 아이에게 무엇이 최선일지 심사숙고하여 결정하지요.

"만약 입양 기관에 신청해서 심사를 받는 과정을 거치지 않고 인터넷을 통해 입양하면 어떻게 되나요?"

그런 일이 간혹 뉴스에 나오기도 해요. 인터넷 포털사이트에 '인터넷 입양'이라고 쳐 보세요. 아기를 키울 수 없어서 입양할 부모를 찾는다거나, 아이를 낳지 못하니 입양 보낼 뜻이 있는 미혼모를 찾는다는 등의 무수한 정보가 쏟아져요. 하지만 절대 이런 식으로 입양을 하거나 보내서는 안 돼요. 아이는 물건이 아니잖아요. 사고파는 존재는 더더욱 아니고요. 반드시 입양 기관을 거쳐서 법적 절차를 따라야 해요. 이렇게 해야 아이뿐 아니라 친생부모, 입양부모 모두 보호받을 수 있어요.

이 외에도 흥미로운 질문, 따로 공부하고 준비하지 않으면 대처하기 어려운 날카로운 질문들도 받는다.

"아이를 낳지 않으면 모성애가 없을 텐데 어떻게 아이를 사랑하나요?"
EBS 〈다큐프라임〉이라는 프로그램에서 '모성'에 관해 다룬 적이 있어요. 의외로 많은 여성이 출산 후 자신에게 모성애가 없다고 생각해 괴로워한다고 하더군요. 아기를 낳는 즉시 모성애가 당연히 생긴다고 여기는 '모성애 신화'가 많은 여성들의 무의식 속에 내재해 있다는 걸 그 프로그램을 보고 알았죠. '모성애'는 앞으로도 더 많이 연구되어야 할 가치가 있는 주제라고 생각해요. 관심 있으신 분들은 이 프로그램을 찾아보시면 좋겠네요.

저는 아이를 낳기도 하고 입양도 했어요. 그런데 첫째를 낳고 한동안 어색하고 낯설었어요. 내가 낳은 아이인데도 불편했죠. 육아가 익숙하지 않아서 허둥대기도 했고 사랑하는 마음보다는(이게 모성애일까요?) 어른으로서 아이를 잘 돌봐야 한다는 책임감이 컸어요. 시간이 흐르면서 아이에 대한 사랑이 커졌는데, 그렇다면 처음에 저는 모성애가 없었던 걸까요?

저는 지금 제 아이들을 소중히 생각하고 아이들도 저를 존중해요. 그건 첫째, 둘째, 셋째 똑같아요. 우리가 가족이라는 이름으로 연결되어 있기 때문이죠. 저는 이게 중요하다고 생각해요. 가장 위급한 순간에 우리는 가족으로서 서로를 위해 주고 옆에서 지켜 줄 거예요.

"아이가 입양을 원하지 않는데 입양을 하는 건 인권침해 아닌가요?"
이런 이야기를 많이 들었어요. 특히 해외 입양을 반대하시는 분들이 이런 비판을 하곤 하는데, 국내 입양도 같은 논리로 비판받기도 해요. 인권침해는 말 그대로 사람으로서 당연히 가지는 기본 권리를 짓밟는 일이에요. 인간으로서의 존엄과 가치를 추구하고 행복을 추구할 권리, 평등과 자유를 누릴 권리, 생존권적 기본권을 보장받을 권리 등이 기본적 인권에 포함될 텐데요.

　질문자가 '아이가 입양을 원하지 않는다'는 전제를 하셨는데, 그렇다면 그 아이는 어느 정도 자기 의사를 표현할 수 있는 나이일 거예요. 이런 '연장아 입양'은 입양부모가 반드시 미리 공부하고 준비를 해야 해요. 보호시설에 적응해서 지내던 아이를 아이의 의사에 반하여 억지로 입양 보내는 것에는 많은 위험 부담이 따르는 게 사실이거든요.

　요즘 연장아 입양은 그 모습이 많이 달라지고 있어요. 입양 전에 아이와 반년에서 1년 정도 일정 기간 꾸준히 만나 친해지는 시간을 먼저 갖는 경우가 많아요. 그 과정에서 아이는 가정과 시설의 차이를 느끼게 되고 먼저 아이 쪽에서 가족이 되고 싶다고 말하는 경우가 많아요. 결과적으로 아이의 행복과 안녕을 위하는 길이 무엇인지는 친생부모와 입양 기관, 입양부모, 국가가 머리를 맞대고 논의해야 한다고 생각해요.

"입양한 아이가 친자매가 아닌 언니들과 잘 지내나요?"
이런 질문도 많이 받아요. 언니들이 막내를 따돌리지는 않는지, 심지어 엄마인 제가 막내보다 언니들에게 더 끌리지 않는지 질문하는 경우도 있어요. '모성애 신화'처럼 '피는 물보다 진하다'는 '혈연 신화'(?)가 우리 무의식에 있는 것 같아요. 그런데 인간관계에서는 피를 뛰어넘는 사랑이 훨씬 많아요. 그러니 생판 모르던 두 사람이 만나 사랑하고 결혼도 하는 것 아닐까요?

다시 질문으로 돌아가 보죠. 보통 이미 아이가 있는 가정에서 입양을 할 때는 막내를 입양하는 경우가 대부분이에요. 아무래도 가장 어리기 때문에 관심이 집중되는 게 인지상정이에요. 우리도 희은이가 막내이기 때문에 제일 많은 사랑을 받았어요. 희은이도 자기가 사랑을 제일 많이 받는다고 으스댈 정도니까요. 그래서 오히려 두 언니가 막내를 질투할 때도 있죠. 현실에서 세 아이는 상황과 이익에 따라 이합집산해요. 가족관계도 결국 크게 보면 인간관계예요. 그러니 친했다가 멀어지기도 하고 다시 친해지기도 하는 거죠.

내가 낳은 아이가 아무래도 더 예쁘지 않느냐고 하는 분들도 있는데, 저는 이 질문에 대해 꼭 하고 싶은 말이 있어요. 어디서도 이런 이야기는 못 들어 보셨을 텐데요. 저는 단연코 제 말을 잘 듣는 아이가 제일 좋아요. 내가 낳은 아이든 입양한 아이든, 제 말을 안 듣거나 심하게 고집을 피우면 끌리기는커녕 외계인을 보는 것 같을 때도 있어요.

희은이는 입양을 했어도 저와 성향이 비슷해요. 그래서 좋을 때도 있고 싫을 때도 있어요. 저는 피에 마법이 있다고 생각하지 않아요. 다만 같이 먹고 같이 자고 의미 없는 수다를 떠는 시간을 포함해서 일상을 함께하면서 세월을 쌓아 가죠. 그렇게 친해진다고 생각해요. 양질의 시간을 함께 보내지 않고 추억이 없는데, 가족이라는 이름으로 묶여 있다면 그것만큼 힘든 관계가 있을까요?

희은이의 성장이 최고의 소득

입양 교육 강사로 일하면서 나는 희은이네 반에서 꼭 한번 수업을 하고 싶었다. 3장에 썼듯이 입양 사실이 부정적으로 알려지면서 희은이는 먼저 나에게 입양 교육을 해 달라고 요청했다. 그것을 시작으로 나는 희은이네 학급뿐 아니라 그 학년 전체 학생들에게 입양 교육을 했고, 희은이는 순식간에 유명인(?)이 되었다. 다행히 희은이는 입양에 대해 이것저것 물어 오는 친구들에게 스트레스받지 않고 나름 자기만의 대답을 찾아갔다.

일련의 과정을 돌아보며 희은이에게 이렇게 말했다. "세령이(희은이 입양 사실을 나쁘게 소문냈던 친구)가 큰일을 했네." 내 이야기에 희은이가 바로 대답했다.

"그렇다고 세령이가 잘한 건 아니에요!"

"그렇지. 하나님이 때로는 어떤 잘못을 좋게도 사용하셔."

내 말에 희은이는 활짝 웃으며 대답했다.

"하나님이 쓸모없는 일을 쓸모 있게 하셨네요!"

이 얼마나 멋진 간증인가!

5 얽히고설킨 실타래, 어떻게 풀까

모든 비밀과 모든 지식을 가지고 있을지라도,
또 산을 옮길 만한 모든 믿음을 가지고 있을지라도,
사랑이 없으면, 아무것도 아닙니다.
_고린도전서 13장 2절

아는 게 힘이다

희은이를 입양할 당시만 해도 아이는 보호시설이 아닌 가족 품에서 지내야 한다는 단순한 생각으로 입양을 했다. 분명 희은이를 낳아 준 엄마(아빠)가 있고 그 엄마는 아이를 떠나보낸 아픔을 겪었을 텐데, 그 당시에는 사실 그이까지 마음에 들어오지 않았다. 하지만 아이를 키우는 동안 희은이의 친생모는 눈에 보이지 않되 무시할 수 없는 공기처럼 우리 가족의 삶에 존재했다. 희은이의 존재와 친생모의 부재는 동전의 앞면과 뒷면처럼 붙어 있는 것 같았다. (친생부의 존재를 언급할 수 없는 이유는 친생모가 친생부와의 관계가 끊어진 후 혼자서 희은이를 낳아 입양 보냈다고 들었기 때문이다.)

그때 희은이의 친생모는 겨우 스무 살 안팎, 그이 역시 누군가의 도움이 절실한 상황이었을 것이다. 가끔 희은이의 친생모가 생각났다. 아이를 임신하고 지낸 열 달이라는 시간과 출산하는 순간까지 혼자 감당해야 했을 무게가 만만치 않았을 텐데 희은이를 포기하지 않고 낳아 주어 너무 고마운 한편, 그이가 직접 희은이를 키울 수 있는 환경을 우리 사회가 만들어 주었다면 더 좋지 않았을까 하는 생각도 했다. 결혼하지 않은 상태에서 임신한 청소년인 엄마, 아빠라 하더라도 자기가 낳은 아이를 직접 키울 수 있도록 국가가 더 적극적인 역할을 할 수는 없는 걸까?

하지만 내 생각과 전혀 다른 주장을 하는 분들도 있다. '왜 양육할 수 없는 상태에 처한 어린 부모들에게 아이를 낳으라고 하느냐, 원하면 누구든 안전하게 낙태할 수 있게 하라'는 의견도 만만치 않다.

입양과 관련한 또 다른 이슈는 난임이다. 임신이 되지 않아서, 혹은 임신이 어려운 몸이라서 아기를 갖지 못하는 이들이 입양을 하는 경우도 제법 되기 때문이다. 그 외에도 꼬리에 꼬리를 문 질문과 쟁점들이 너무 많다.

만약 입양과 관련하여 이토록 이슈가 많다는 것을 미리 알았다면, 태생적으로 생각이 복잡한 나는 아마 아이를 입양하지 못했을 것 같다. 그래서 행여 나처럼 생각이 복잡한 사람들의 경우 이런 내용을 미리 아는 것이 해가 되는지 않을지 조금 고민이 되지만 아이를 입양하고 나면 곧 알게 될 혹은 알아야 할 사항이기에 아는 게 힘이라는 생각으로 입양을 둘러싼 얽히고설킨 이슈들을 여기에 풀어내 보려고 한다. 물론 이 모든 지식을 알아도 아이들을 향한 사랑이 없으면 아무것도 아닐 것이다.

미혼모, 미혼부

한국입양홍보회 지역 모임의 대표 역할을 맡은 후, 해외로 입양되어 살고 있는 이들에 대한 이야기를 듣고자, 해외 입양인을 돕는 단체인 '뿌리의 집' 김도현 원장을 초대했다. 한국을 방문하는 해외 입양인들에게 머물 곳을 제공해 주고, 그들이 살아온 이야기를 들어 주며, 그들의 필요를 어떻게든 도우려고 애쓰는 분이라고 소개를 받아서 기대를 갖고 초대했는데, 막상 강연을 들으면서는 사실 마음 한구석이 영 불편했다.

  해외 입양인이 어떻게 지내는지 들을 수 있을 거라는 나의 기대와는 달리, 김 원장은 과거에 해외 입양을 보낸 여성들의 한 맺힌 이야기를 전하는 데 대부분의 시간을 할애했다. 돈이 있었으면 아이를 입양 보내지 않았을 거라며 하나같이 자신의 선택을 후회하는 영상 속의 여성들…. 그 자리에 모인 사람들 역시 아이를 키우는 부모였기에 아이를 떠나보낸 엄마들의 입장을 마음 아프게 공감했다.

하지만 그분이 어떤 의도를 가지고 입양부모들에게 미혼모의 권리와 슬픔을 강조하는 것인지는 알기 힘들었다. 친생부모가 양육을 포기한 아이들을 입양해서 키우고 있는 입양부모들이 어쩌면 친생부모에게서 아이들을 빼앗아 버린 것이라는 이야기처럼 들릴 수 있거나, 해외 입양된 이들이 겪는 어려움이 국내 입양부모들의 잘못인 것처럼 느껴질 수 있는 발언들이 이어졌다. 그분을 강사로 초대한 나로서는 입양부모들에게 여간 미안한 일이 아닐 수 없었다.

그 후 책과 언론 등 여러 계기로 입양에 대한 그분의 입장이 무엇인지 알 수 있었다. 2006년 5월, 제1회 '입양의 날'을 맞아 그분은 어느 일간지와 인터뷰를 하면서 다음과 같이 말했다. "입양의 날을 진정으로 기뻐하고 축하하기 전에 자기가 낳은 아이를 자기 손으로 키울 수 없었던 이들의 불행에 대해 먼저 생각해 볼 필요가 있다."* 미혼모의 아이들을 입양 보내는 것으로 정책을 세울 것이 아니라 친생부모가 아이를 양육하도록 지원해야 한다는 주장은 '한국미혼모지원센터네트워

---

*   백소용, "해외 입양은 우리 모두 책임", 「세계일보」 2006년 5월 9일.

크'에서도 한다. 이들의 목소리 덕분인지 정부는 2010년부터 청소년 한 부모에게 아동 양육과 자립을 위한 다양한 지원 사업을 실시하겠다고 발표했다.

이는 누가 봐도 잘된 일이다. 돈이 없어서 양육을 망설이던 미혼의 부모들이 비록 쥐꼬리만 한 지원금이지만 정부 지원에 힘입어 자기가 낳은 아이를 키우겠다는 용기를 낼 수 있다면 진심으로 박수 쳐 줄 일이다. 사실 여기에 더해 정부는 좀더 현실적인 수준으로 지원을 늘릴 필요가 있다. 시설 보호, 가정 위탁, 입양 등 친생부모에게서 멀어질수록 아이에게 경제적 지원이 많아지는 현재의 왜곡된 지원 체계는 바뀌어야 한다.

나는 재정적 지원뿐 아니라 결혼 제도 밖에서 아이를 낳은 미혼모와 미혼부를 바라보는 사람들의 인식도 바뀌어야 한다고 생각한다. "원치 않은 임신에도 자신의 아이를 책임지는 미혼모들이 사회에서 손가락질 당할 일인지, 양육을 포기하고 낙태 또는 입양을 보내는 것이 책임 있는 자세인지, 생각의 전환이 필요한 때"라는 한국미혼모지원센터네트워크 박영미 대표의 의견에 동의한다. 아이를 낳아 키우겠다고 하는데 격

- 임윤희, ""미혼모의 양육, 손가락질 안돼", 당연하고 긍정적인 시각 필요, 차별금지법 제정해야", 「머니투데이」 2017년 4월 4일.

려하고 지지하는 게 마땅하지 않은가. 나는 친생부모가 최소한 경제 여건이나 사회적 편견 때문에 아이를 포기하는 일이 생기지 않기를 바란다. 또 그들이 부모가 될 준비를 하도록 돕는 일에 어떤 방식으로든 일조하고 싶다.

다만 미혼모 문제와 입양을 같은 범주에 놓고 선후 관계를 따지며 갑론을박하는 것은 바람직하지 않다. 미혼모 문제가 전적으로 해결되지 않았으니 보육원에 있는 아이들을 입양해서는 안 되는 것일까? 희은이를 비롯한 모든 입양아가 자신들을 낳아 준 부모와 함께 건강하고 행복하게 살 수 있다면 그보다 좋은 일은 없을 것이다. 하지만 희은이에게 그런 일은 일어나지 않았다. 지금 보육원에서 지내는 아이들도 그럴 가능성은 지극히 낮다. 게다가 그건 희은이 같은 입양아 혹은 나 같은 입양부모의 역량으로는 해결할 수 없는 일이다.

키울 의지가 없고 형편이 어려운 부모를 하염없이 기다리면서 혹은 미혼모 문제를 정부가 해결해 줄 날만 기다리면서 아이가 보호시설에서 지내는 것에 나는 동의할 수 없다. 입양부모 모임에 와서 미혼모의 권리에 대해 이야기하는 것은 누구에게도 득이 될 수 없다. 미혼모의 문제는 그것대로 풀어야 할 과제가 있고, 지금 당장 가족의 울타리가 필요한 아이들에게는 가족이 되어 줄 누군가의 손길이 절실하다.

재작년 1월, '애란원'에 다녀왔다. 애란원은 청소년을 포함한 미혼모들에게 출산 전후로 숙식을 비롯하여 상담과 교육 서비스 등을 지원하고 자립을 돕는 미혼모 생활 시설이다. 미혼모들에게 입양 가족의 이야기를 해 달라는 요청을 받아서 간 것인데, 가겠다고 하고서도 무슨 이야기를 하면 좋을까 고민을 많이 했다. 나는 아이를 낳은 부모가 직접 아이를 키우는 게 가장 좋다고 생각한다. 하지만 아이를 직접 키우기로 마음먹은 엄마들은 그런 이야기로 격려를 받을 수 있지만, 아이를 이미 입양 보냈거나 곧 보내기로 결정한 엄마들은 내 이야기에 상처를 받을 수도 있다는 생각이 들었다. 고민 끝에 희은이와 지낸 10여 년의 우리 가족 이야기를 담담하게 전하기로 했다.

바리바리 준비해 간 간식을 보고 천진난만하게 좋아하던 어린 엄마들 모습이 지금도 눈에 선하다. 해맑고 예쁜 엄마들이 예상보다 훨씬 어려 마음이 짠했고 그 어린 나이에도 생명을 지켜 낸 그이들의 용기가 갸륵했다.

내 이야기를 듣는 동안 어린 엄마들은 많이 울었다. 아기를 낳기로 결심하고 그곳에 발걸음 하기까지 한없이 괴로웠을 테고, 입양 보내기로 했든 직접 키우기로 했든 앞으로 살아갈 날에 대한 막막함도 컸을 것이다. 차마 말로 다 할 수 없는 이야기 또한 오죽 많을까. 눈물을 훔치는 엄마들에게 말했다. 아기를 지켜 주어서 고맙다고. 그리고 아이를 입양 보낸 엄마들에게는 따로 부탁했다. 부디 건강하고 행복하게 잘 지내다가 아이가 만나고 싶어 할 때 떳떳한 엄마로 아이 앞에 서 달라고….

나는 입양부모지만 아이는 자기를 낳은 부모와 함께 행복하게 살아야 한다고 생각한다. 누구라도 자기가 낳은 아이를 직접 키울 수 있는 사회가 되기를 간절히 바란다. 그러나 여의치 않은 형편 때문에 아이를 입양 보낸 적이 있다면 또다시 같은 일을 되풀이하는 아픔을 겪지 않으면 좋겠다. 애란원에 다녀온 날, 나는 잠자리에 들기 전 희은이를 낳아 준 엄마도 어디선가 건강하게 잘 살아 주기를 간절히 기도했다.

희은이가 일곱 살 때 있었던 일이다. 그날따라 컨디션이 좋지 않았던 희은이가 사소한 일에까지 심통을 부렸다. 그러자 남편이 뜬금없이 이런 말을 하는 게 아닌가.

"희은아, 낳아 준 엄마랑 같이 살지 못해서 화가 나?"

남편의 질문에 나는 깜짝 놀랐다. 내가 보기에 그건 남편의 '오버', 곧 상황에 어울리지 않는 생뚱맞은 질문이었다. 그런데 희은이가 큰소리로 이렇게 대답했다.

"응!"

갈피를 잡을 수 없는 질문과 대답이었다. 하지만 이왕 낳아 준 엄마 이야기가 나온 김에 우리는 더 이야기를 나누었다.

"희은아, 아기가 태어나면 아기에게 제일 필요한 게 뭘까?"

"엄마, 아빠지."

"무슨 엄마, 아빠?"

"좋은 엄마, 아빠!"

사실 나는 희은이 입에서 "낳아 준 엄마, 아빠"라는 말이 나올 줄 알았다. 그런데 희은이는 "좋은 엄마, 아빠"라고 대답했다. 예상하지 못했던 대답에 정신이 번쩍 들었다. 희은이 말이 맞았다. 가족 관계에서 가장 중요한 건 혈연 여부가 아니라 서로에게 좋은 사람이 되어 주는 것, 사랑하는 것이다.

낙태

미혼부모를 지원하는 정부 정책을 '참 잘된 일'이라고 생각했다. 하지만 그건 나만의 순진한 생각이었다. 2010년 4월 청소년 한 부모 지원 정책이 발표되던 날, 한 여성 단체 대표가 이

정책에 정면으로 반대하는 글을 신문에 기고했다.

> 임신한 여고생도 교육 받을 권리, 여성으로서 지위를 누릴 권리가 있다며 정부에서 청소년 싱글맘 자립 지원 예산을 121억 원 책정해 놓았단다.…철부지 10대의 임신한 여학생들을 모조리 미혼모, 싱글맘으로 만들 작정인지. 가슴이 답답하다. 인공적인 힘을 빌려야만 호흡할 수 있는 뇌사자를 완전한 생명으로 인정하기 힘들듯이 배 속의 태아도 완전한 생명이라고 보기 힘들다. 완전하지도 않은 태아의 생명을 살리려다 철부지 10대들의 미래가 다 죽는다. 괜히 '생명권' 운운하면서 어린 10대의 창창한 앞날에 물 뿌리지 말고 발목도 잡지 마라. '보조금도 주고 애 낳고도 학교에 갈 수 있다니 낳아서 죽을 때까지 네가 책임져라. 일찌감치 네 꿈은 포기하고'라고 권할 수 있겠는가? 바로 당신 딸이라면?[※]

이 글을 접하고 나는 무척 혼란스러웠다. 누구라도 미혼모 지원 정책을 반길 줄 알았다. 하지만 그건 내 희망사항에 불과했다. 한쪽을 지원하면 다른 쪽에서 반대하고, 이쪽 입장이 있으면 저쪽 입장도 만만치 않았다. 그런 게 민주주의라는 것

※ 엄을순, "10대 미혼모", 「중앙일보」 2010년 4월 8일.

도 알았다. 하지만 이런 와중에 가장 힘없는 약자가 희생당한다. '낙태 이슈를 두고 왜 엄마와 아기를 싸움에 붙이지? 살고 싶은 태아의 목소리는 누가 대변해 주나?' 내 의구심은 해결되지 않았다.

사랑은 남녀가 같이 하고 책임은 여자만 져야 하는 현실의 불합리한 상황에도 물론 화가 난다. 사랑은 일시적 열정이나 정욕이 아니라 꾸준한 책임과 희생이 필요하다는 점을 미혼부들에게도 꼭 알려 주고 싶다. 2015년에 출범한 양육비이행관리원을 통해 양육을 책임지지 않는 미혼부(혹은 드물게 미혼모)에게도 양육비를 청구할 수 있게 된 점은, 대부분의 경우 여성이 일방적으로 양육을 책임져야 하는 현재의 기울어진 저울을 조금이나마 조절할 것으로 보인다.

앞의 글을 쓴 여성 단체 대표는 '완전하지도 않은 태아의 생명'이라는 표현을 썼다. 완전의 기준은 누가 어떤 근거로 결정할 수 있을까? '완전'하지 않으면 죽어도 괜찮을까? 낙태를 경험해서 이미 상처와 죄책을 입은 여성들에게 같은 죄책감을 얹어 주고 싶은 마음은 조금도 없다. 그러나 생명 존중은 자기 목소리조차 낼 수 없는 태아에서부터 적용되어야 한다고 생각한다.

이 글을 놓고 당시 고등학생이던 큰아이와 이야기를 나누고 있었는데, 옆에 있던 일곱 살 희은이가 놀란 표정을 지으며 말했다.

"왜 배 속에 있는 애기를 죽이는데요? 휴, 다행이다, 우리 엄마는 저를 죽이지 않고 이렇게 살 수 있게 해 줘서요. 낳아 준 엄마를 만나면 '저를 낳아 주셔서 감사합니다'라고 말할 거예요."

속상하고 복잡한 심경이었지만, 희은이의 말에 새삼 이 아이의 존재가 더없이 소중하게 느껴졌다. 그날 밤 나는 희은이 엄마에게 보내는 편지글 형식으로 일기를 썼다.

"희은 엄마, 2004년 8월을 무척이나 더웠던 여름으로 기억해요. 그런 무더위에 희은이를 낳느라 너무 고생 많았어요. 희은이를 낳아 주어서 정말 고마워요. 희은이를 임신하고 낳기까지, 얼마나 마음이 복잡했을까요. 또 3일 만에 희은이를 떼어 놓고 돌아서면서 얼마나 마음이 아팠겠어요. 하지만 이젠 걱정하지 말아요. 희은이는 세상에 태어난 걸, 당신의 몸에서 나온 걸, 우리 가족을 만난 걸 모두 행복해하는 멋진 소녀로 자라고 있으니까요. 희은이와 다시 만날 때까지 부디 건강하고 행복하게 살아 주세요."

난임

입양 가족은 친생자가 있지만 입양을 한 경우와, (자발적 선택이든 난임 때문이든) 아기가 없어서 입양한 두 경우로 나뉜다. 간혹 독신자가 입양하는 사례도 있다. 입양 가족 모임 대표로 활동하면서 이전에는 잘 알지 못했던 난임 부부들의 고충을 꽤 많이 접했다. 아이를 낳는 일과 관련해서도 삶은 불공평한 것 같다. 하지만 입양부모들이 입양으로 아이를 얻고 행복하게 사는 것을 보면서 난임 부부에게 길이 전혀 없는 것은 아니라는 생각도 했다.

과거에는 난임 대신 주로 불임이라는 단어를 썼다. 불임(不姙)은 임신이 불가능한 이유가 정확히 있는 경우고, 난임(難姙)은 생물학적으로 임신이 가능한데도 임신이 안 되는 경우를 뜻한다. 불임이라는 용어가 주는 부정적 의미를 순화하기 위해 모자보건법에서도 불임이라는 기존의 용어를 개정해 난임이라고 쓴다.

부부 일곱 쌍 중 한 쌍, 비율로 따지면 약 15퍼센트가 난임이다. 이들은 갖은 마음고생을 하다가 인공수정, 시험관아기 시술 등을 시도하는데, 그 과정에서 아이를 얻는 경우도 있지만 그렇지 못한 경우에는 몸도 마음도 거듭 내상을 입는다.

난임 부부들이 입양을 선택하기까지의 과정에서 겪어 온 사연을 듣다 보면 '지금이 조선 시대인가?' 하는 의문이 절로 들 때가 있다. 난임에 대한 우리 사회의 편견과 차별이 심해도 너무 심하기 때문이다. 특히 여성이 겪는 고생은 이만저만이 아니다.

다음의 이야기는 나와 동시대를 살고 있는 사람들의 이야기다. 입양을 둘러싼 난임 이슈가 이렇게 난타당할 때 그들 중 한 명이 나 혹은 내 친구일 수 있기에 이 안타까운 사연을 기록으로 남기고 싶었다. 분명 세상은 남녀 차별의 문제를 포함해서 여러 면에서 조금씩 좋아지고 있고, 과학이나 의학의 발달로 설명되는 영역이 많아지고 있는 것도 사실이다. 하지만 아직도 상식에 어긋나는 일들이 곳곳에서 벌어진다.

남편의 무정자증으로 불임 판정을 받은 지인이 있었다. 시어머니는 임신하지 않는(못하는) 것 때문에 며느리를 구박했다. 애써 참아 오던 며느리는 결국 불임의 원인을 시어머니께 전했다. 이야기를 들은 시어머니가 이렇게 말했다고 한다. "씨가 나빠도 밭이 좋으면 되는 거다!"

또 다른 여성은 손아래 동서의 산바라지를 하면서 모멸감을 겪었다. 아기를 못 낳는다는 이유로 시어머니가 손아래 동서 산바라지를 시킨 것이다. 정말 하기 싫었지만 순종했다고 한다. 그런데 어느 날, 정말 믿기 힘든 말을 어머니에게서 들었다. 동서가 먹다 남긴 미역국을 먹으라고 한 것이다. "질투를 해야 애가 들어선다"는 것이 시어머니 말씀이었다.

교회를 다니는 난임 여성이라면 한 번쯤 사무엘과 한나 이야기를 들어 보았을 것이다. 아이를 갖지 못하던 한나가 울면서 기도했더니 하나님이 사무엘을 주신 것처럼, 기도의 공력을 쌓으면 아이를 주실 거라는 조언이 설교단에서 왕왕 선포된다. 기도를 열심히 안 해서 하나님이 아이를 주시지 않는 것일까? 그런 설교는 우리 집 강아지 까미도 비웃겠다.

난임으로 고생하다가 입양을 한 어느 분이 한 말은 두고두고 내 마음을 아프게 했다. "사람들이 제 앞에서 아이들 이야기를 하는 것도 싫고, 그렇다고 조심하는 것도 싫었어요. 시어머니는 남들 다 낳는 아기를 왜 못 낳느냐며, 하나님 앞에서 얼마나 큰 죄를 지었으면 태가 닫혔겠느냐고 하셨죠. 제 성격이 못나서 아이가 생기지 않는다는 이야기를 하는 사람도 있었어요. 교회에서 이런 이야기를 들을 때마다 더 악착같이 아이를 낳고 싶었어요. 혹시 제가 울면서 기도하면 아이 때문이라고 생각할까 봐 다른 속상한 일이 있어도 울면서 기도하지 못했고, 평소에도 밝게 보이려고 제가 항상 애쓰고 있더라고요."

가까이에 난임 부부가 있더라도 그들의 상황에 둔감한 사람들이 많다. 그들이 생각 없이 던지는 말들에 난임 부부들은 너무나 큰 상처를 받는다. 특별한 관심이 아니어도 괜찮다. 그저 나와 관계 맺는 사람들 사이에서 약간의 배려와 보통 수준의 상식이 자연스럽게 오갈 수 있다면 불필요한 상처를 받는 사람들은 훨씬 줄어들 수 있을 것이다.

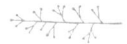

얼마 전, 예전에 알고 지낸 한 부부가 찾아왔다. 이 부부는 결혼한 지 11년이 지나도록 임신이 되지 않아 인공수정 4번, 시험관아기 시술을 4번 받았지만 그래도 임신이 되지 않았다. 그나마 정부 지원을 얼마간 받을 수 있어 시도를 한 것이었다.*

이 부부는 아이 없는 삶을 한 번도 생각해 본 적이 없었다. 특히 대가족으로 자란 아내는 아이가 넷쯤 있으면 좋겠다

---

* 정부는 2017년 10월부터 난임 치료 시술에 건강보험을 적용하고 있다.

고 생각했다. 부부는 정부의 지원을 더는 받을 수 없는 상태에서 막대한 비용을 들여 시험관아기 시술을 다시 받을지 아니면 입양을 할지 고민이라고 했다. 아이 없는 삶을 생각해 본 적이 없으면서도 막상 입양을 해야겠다는 생각을 하지 못해 막다른 골목에 이른 이들은 하나님이 왜 아이를 허락하시지 않는지 신앙인으로서 씨름하고 있었다.

난임으로 고생하다가 입양을 한 부부들은 하나같이 말한다. 시간을 되돌릴 수만 있다면 하루라도 빨리 입양을 선택할 거라고, 너무 오래 임신만을 기다린 게 후회된다고…. 이 부부에게 그들의 고백을 들려 주고 싶었다. 조심스럽긴 했으나 문제를 상의하기 위해 이 부부가 먼저 나를 찾아왔다는 사실에 용기를 얻어 이들이 좀더 적극적으로 신앙적 씨름에 직면하기를 권했다. "조금만 눈을 돌려 보면 어떨까요? 어쩌면 우리와 아주 멀리 떨어지지 않은 곳에 가족을 잃은 아이들이 있을 수 있어요. 누구에게나 당연히 있는 '가족'을 잃고 보호시설에서 지내는 아이들이에요. 내 아이를 낳지 못한 상실의 아픔이 그 아이들의 아픔에 가닿는다면 어떨까요? 이 땅에 살면서 자녀를 얻을 수 있는 방법은 출산 그리고 입양이라는 걸 알게 되면 좋겠어요."

출산을 하든 입양을 하든 그건 각자가 선택할 몫이다. 그러나 그 전에 그리스도인들은 모든 아이가 하나님의 자녀라고 고백한다. 또한 모름지기 부모는 아이가 성인이 될 때까지 아이들을 잘 양육할 사명을 받은 청지기들이다. 그런 점에서 부모를 잃은 아이와 아이를 얻지 못한 부부가 만난다면, 그들은 헨리 나우웬(Henri Nouwen)이 말한 것처럼 서로에게 '상처 입은 치유자'가 되어 줄 수 있지 않을까.

해외 입양

한국전쟁 후 지금까지 16만 6천여 명의 아이들이 해외로 입양되었다. 이 통계는 국내로 입양된 아이들 수의 두 배를 훌쩍 뛰어넘는다. 통계에 잡히지 않는 사례까지 합하면 20만 명은 넘을 것이다. 미국에서 지내는 동안 우리 가족도 한인 입양인 친구들 여럿을 만나 사귀었다. 희은이를 입양한 후에는 해외 입양인을 만날 기회가 훨씬 많았다.

몇 년 전, 미국에 사는 후배가 도움을 요청해 왔다. 후배가 한국어 교육 자원봉사를 하다가 만난 한인 입양인이 한국에 갈 예정인데 그 친구를 만나 달라고 했다. 남편과 아이도 같이 온다고 해서 우리는 그 가족을 집으로 초대했다.

캐런*은 결혼하고 아이를 낳은 후에 친생부모를 찾고 싶은 열망이 더 커졌다고 한다. 그래서 2009년과 2010년, 이미 두 차례나 한국을 방문해 친생부모를 찾기 위해 백방으로 노력했다. 입양 기관에 남아 있는 흔적을 남김 없이 찾아본 것은 물론이고, 태어난 병원, 그 지역의 경찰서, 주민센터 등을 찾아다니고 방송 출연도 두 번이나 했다.

할 수 있는 모든 노력을 기울였으나 그는 친생부모에 관한 어떤 흔적도 찾을 수 없었다. 친생모 이름이 진짜인지도 알 수 없었고 주민등록번호도 남아 있지 않았다. 특별히 그의 경우에 한해 친생부모를 찾기 어려운 게 아니다. 친생부모의 소재지가 파악되어 그들의 동의를 거쳐 입양 정보가 공개된 경우는 2015년 기준 14.7퍼센트에 불과하다.

한 아이를 낳아 입양 보내는 과정에서 친생모는(친생부는 애초에 조금의 책임도 지지 않았을 가능성이 짙다) 어떻게 조금의 흔적도 남기지 않았을까? 그렇게 하면 아이를 잊을 수 있다고 생각했을까? 아니면 아이가 나중에라도 자신을 찾지 말고 행복하게 살아 주기를 바랐을까? 원망 섞인 추측만 해 볼 뿐이었다.

솔직히 입양 기관의 행정 처리도 이해할 수 없었다. 아이를 입양 보내는 엄마의 기본 정보인 주민등록번호도 갖고 있지 않다니, 한 사람이 한 나라에서 태어나 다른 나라로 입양을 가는 과정에서 국가는 어떤 역할을 한 것일까? 그의 이야기를 듣는 내내 '이게 나라인가' 하는 탄식이 절로 나왔다.

한국에서 태어난 것이 분명한 한 존재가, 한국에는 부재하는 자신의 현실을 인정해야 하는 마음이 어떨지 짐작하기 어려웠다. 무엇보다 성인이 되어 가정을 이루고 한 아이의 엄마가 되었음에도 '뿌리 찾기'라는 숙제를 제대로 마치지 못한 그가 한국이나 미국 어디에도 정착하지 못한 것처럼 보여 마음이 아팠다. 하지만 그는 친생모가 지어 준 이름으로 개명까지 했다며 환하게 웃었다.

캐런과의 만남 후에 우리 가정은 '해외 입양인 가정 민박 체험'을 비롯한 여러 통로로 많은 해외 입양인을 만났다. 그중 토마스는 생후 7주에 덴마크로 입양되어 살다가 25년 만에 한국을 찾아온 청년이었다. 그의 한국 이름은 '김인봉'이었다. 토마스는 인봉이의 흔적을 찾아 한국에 왔고 우리집에 하룻밤 머물렀다. 아담한 키에 까까머리였고 웃으면 눈이 초승달처럼 가늘어져 동자승같이 귀여웠다.

첫 만남의 어색함은 함께 식사를 준비하면서 금세 사라졌다. 메뉴는 김밥. 내가 김밥을 마는 시범을 보이자 토마스는 곧잘 따라했다. 섬세한 성격이 그대로 드러났다. 처음 먹어 본다는 김밥은 물론 매콤한 비빔국수도 뚝딱 해치워 우리 가족 모두 놀랐다.

다음 날 우리는 토마스와 명동 나들이를 했다. 덴마크의 시골에서 자란 토마스는 엄청난 인파에 놀라면서도 뒷짐을 지고 느긋하게 우리를 따라다녔다. 우리 가족은 토마스 덕분에 처음으로 케이블카를 타고 남산에 올랐다.

"한국에 오니까 뭐가 제일 좋아요?"

"말만 하지 않으면 아무도 나를 쳐다보지 않아서 편해요."

그는 자기와 비슷한 외모를 가진 사람들에게 둘러싸인 느낌이 참 좋다고 했다. 흰 피부에 키가 큰 사람들 속에서 25년 동안 유일한 유색인으로 살아온 일상이 토마스에게 쉽지만은 않았을 것이다.

토마스의 부모는 4년이 넘는 시간을 준비하고 기다려 입양을 했다. 그래서인지 토마스 스스로도 사랑을 듬뿍 받으며 자랐다고 말했다. 그러나 토마스는 어린 시절부터 '나는 대체 누구일까?'라는 질문 앞에서 불면과 저항의 시간을 보냈다. 자기를 놀리는 아이들과 싸움도 하고 방황도 했다. 그러다 마을에 전쟁 난민 보호소가 생기고 자신을 빼고 처음으로 외국인들이 들어와 살면서, 세상에는 다양한 사람이 섞여 산다는 것을 알고 위안을 받았다. 마침내 그는 과거에 자기에게 일어난 일을 온전히 받아들였고 편안한 상태로 한국을 방문했다.

입양 기관을 통해 토마스는 친생부와 연락이 닿았다. 25년

만이었다. 그러나 친생부는 아들을 만날 형편이 아니라는 답을 입양 기관을 통해 전해 왔다. 부모를 만나기 위해 1년 동안 일해서 모은 돈으로 한국에 온 토마스가 할 수 있는 일은 더 없었다. 토마스는 덤덤하게 말했다. "아쉽지만 그분 처지와 입장을 이해해요. 원망은 안 해요."

친생부가 아닌 토마스의 사연을 먼저 알아서였을까. 나는 토마스의 친생부가 이해되지 않았다. 입양을 보내며 그는 아이가 잘 살기를 바라고 또 바랐을 것이다. 그럼에도 수십 년을 마음에 묻어 두고 적당히 잊고 지낸 '인봉이'가 자기를 찾는다는 소식을 들었을 때 많이 당황했으리라. 떠올리고 싶지 않은 과거를 꺼내서 마주해야 할 일이 불편하리라는 점도 이해되었다. 하지만 토마스를 만날 '형편'은 외부에서 주어지는 게 아니라 결국 마음의 문제 아닐까.

사람은 일상이 흔들리는 것 자체를 본능적으로 두려워하는 것 같다. 비록 마주하고 사는 일상이 마음에 들지 않는다고 해도 말이다. 친생부는 인봉이라는 존재를 현실에서 받아들임으로써 자신의 일상이 깨질까 봐 두려웠을지도 모른다. 어쩌면 지금보다 나은 형편이었다면 만나고 싶었을 수도 있다. 그러나 친생부로 하여금 토마스를 만날 수 없게끔 만든 형편이란 어떤 것이었을지 질문이 머릿속을 떠나지 않았다.

입양아의 뿌리 찾기는 본능일지도 모른다. 희은이도 친생부모에 대한 질문을 종종 한다. 낳아 주신 부모님은 누구인지, 얼굴은 어떻게 생겼는지, 왜 함께 살 수 없었는지 묻는다. 나 또한 언젠가 희은이가 그분들과 만날 수 있도록 기꺼이 도울 생각이다. 하지만 토마스의 경우처럼 그분들이 희은이를 만나고 싶어 하지 않는다면 어떻게 해야 할지 모르겠다. 마음이 너무 아플 것 같다. 토마스와 함께 지내면서 내 바람은 더 간절해졌다. 우리 아이의 친생부모가 이 아이를 잊으려고 애쓰지 말기를, 다시 만날 날을 기대하며 잘 살아 주기를, 그래서 우리 아이를 사랑하는 또 다른 가족이 되어 주기를….

해외로 입양되는 아이들 중 장애 아동이 많은 것은 또 다른 이슈다. 민박 체험을 통해 만난 '하나'는 선천성 색소결핍증이라는 유전질환을 가지고 태어나서 외모부터 눈에 띄었다. 자녀가 이미 셋이나 있었던 하나의 친생부모는 외모 때문에 놀림을 받고 살아갈 딸의 인생을 생각해서 해외로 입양을 보냈다고 한다. 핀란드로 입양을 간 하나는 그곳에서 대학교까지 마쳤고, 유전질환 때문에 시력을 거의 잃고도 장애인올림픽

스키선수로 활약하는 중이었다. 하나를 입양 보낸 친생부모는 다른 나라로 이민을 갔는데, 다행히 하나는 원가족을 만날 수 있었다.

2015년 전체 입양 아동 1,057명 중 건강에 문제가 있는 아이들은 123명이었다. 이 아이들 가운데 24명이 국내로 입양되었고, 99명이 해외로 입양되었다. 전에 비해 국내 입양이 늘긴 했으나 통계에서 보듯 장애 아동의 국내 입양은 그 수가 현저히 적다. 장애 아동을 입양하면 정부가 많은 지원금을 지급한다. 그러나 우리나라는 장애인에 대한 차별과 편견이 유난히 심한 나라고, 나부터도 엄두를 내지 못한 일이니 안타깝기만 하다.

그런가 하면 해외 입양인의 경우 국적 문제로 어려움을 겪는 경우도 있다. 미국으로 입양된 한인 입양인 중 약 13퍼센트인 1만 4,189명의 국적 취득 여부가 확인되지 않고 있다. 간혹 입양인이 무국적자라는 이유로 입양되었던 나라에서 추방당했다는 기사를 접하는데, 입양부모와 더불어 한국 입양 기관이나 정부도 책임을 면할 수는 없다.

미국의 경우, 입양부모가 입양아를 해당 국가에 가서 직접 데리고 오면 그 아이는 자동으로 미국 국적을 부여받는다. 그러나 이런 절차 없이 서류상으로만 입양 절차를 밟으면 입양부모는 미국에서 재입양 절차를 거치거나 아이가 열다섯 살이 되었을 때 귀화 신청을 해야 국적을 얻을 수 있다. 그러나 아이를 넘겨받은 것으로 입양 절차가 끝났다고 생각해서 후속 절차를 밟지 않으면 그 아이는 국제 미아가 되는 것이다.

이렇게 된 데는 한국전쟁 후 한국 정부가 입양 절차를 졸속으로 처리한 탓도 크다는 분석이 따른다. 입양 기관과 정부가 입양을 보내기에만 급급했고, 입양아들이 입양 국가의 국적을 취득하는 데는 신경을 쓰지 않았기 때문이라는 것이다.

한국전쟁 후 60년이 넘도록 우리 정부는 해외 입양을 민간 기관에 위탁해 왔다. 2012년 입양특례법이 시행되면서 비로소 법원 허가를 받아야 입양이 가능하도록 절차가 바뀌었고, 친생부모를 찾는 해외 입양인이 늘면서 입양인들의 알 권리에 대한 논의도 많아졌다. 한 해 7-8천 명이 해외로 입양되었던 1980년대를 지나 2000년대까지만 해도 2천 명 이상이 해외로 입양돼 '고아 수출국'이라는 오명을 입었던 나라가 우리나라다. 그 과정에서 알게 모르게 저지른 과오로 당분간 우리 사회는 예상하지 못했던 진통을 겪어야 할지도 모르겠다.

해외 입양에 대한 획일적 평가 혹은 관점도 재고해야 할 이슈다. 입양인 중에는 입양을 곧 구원이라고 여기는 사람이 있다. 이들은 보육원 생활에서 자신을 구해 준 입양부모를 구원자로 묘사한다. 반대로 입양부모에게 학대와 방임을 당한 이들도 있다. 해외 입양인 중 성공한 사람들이 있으면 그들 스스로 어느 나라 사람이라고 여기는지와 관계없이 '성공한 한국인의 이야기'인 것처럼 미담 기사를 쓰는 반면, 범죄자가 된 입양인들의 불운이 전적으로 입양 탓인 것처럼 돌리기도 한다.

입양만 그럴까. 가족 관계가 아주 좋은 사람도 있지만 연을 아예 끊고 남남처럼 사는 사람도 있다. 해외에서 성공한 사업가가 스스로를 한국인이라고 내세우기도 하지만 국적을 전혀 중요하게 여기지 않는 사람도 있다. 이처럼 경험과 사건에 따른 평가는 제각각일 수밖에 없다. 그러니 입양에 대한 자신의 경험이나 생각을 타인에게 강요할 수는 없는 일이며, 해외 입양인들 전부가 그들 자신을 한국인이라고 생각할 거라고 단정해서도 안 된다. 그들이 스스로를 한국인이라고 생각하지 않는다고 해서 잘못 생각하는 것도 아니다.

마지막으로 입양인과 친생부모의 '알 권리'에 대해 언급하고자 한다. 근래 입양특례법 개정을 위한 발의안을 준비하는 움직임이 있다. 입양 가족 입장에서 볼 때 중요한 개정 내용은 '입양 정보 공개 청구권'이다. 입양인이나 친생부모는 모두 서로에 대해 알 권리가 있다. 우리도 희은이가 어렸을 때 친생모를 입양 기관을 통해 찾아본 적이 있다. 입양 기관에서는 희은이가 좀더 클 때까지 기다리면 좋겠다고 권했고 우리는 그에 동의했다.

개정을 제안하는 내용 중 문제가 되는 부분은, 친생부모 및 형제자매가 언제라도 입양 가족의 정보를 요구할 수 있도록 하는 내용이 포함되어 있다는 점이다. 이 개정안이 통과되면 입양 가족의 동의 여부와는 상관없이 입양 가족의 정보가 정보를 청구한 사람에게 즉시 제공된다. 물론 입양아가 미성년자인 경우 입양부모의 동의가 있어야 하고 해외 입양에 한한다는 단서가 있긴 하지만, 이는 입양 가족의 인권을 무시하는 처사다. 무엇보다 입양 아동을 위한 최선이 무엇인지를 먼저 고려해야 한다. 입양 아동에게 이익이 되는 충분한 사유가 있어야 하지 않겠는가. 자신이 입양되었다는 것도 모르고 지내던 누군가라면 정보 청구 과정에서 느닷없이 입양 사실을 알고 입게 될 충격과 혼란은 누가 어떻게 수습할 수 있을까?

누군가는 입양 가족이 '대안 가족'이며 입양 자체는 '영구 대리 보호 서비스'라고 말하기까지 했다. 하지만 희은이를 입양하고 살면서 나는 단 한 번도 내가 희은이에게 '보호 서비스'를 제공하고 있다고 생각하지 않았다. 나와 남편은 희은이에게 '대안'적 존재도 아니다. 우리는 그저 가족으로 함께 살아왔을 뿐이다. 함께 밥을 먹고 함께 잠을 자며 때로 속 썩는 일이 생기면 혼내기도 하고 그렇게 오순도순, 좌충우돌하면서 사는 가족 말이다.

미혼모·미혼부, 낙태, 난임, 해외 입양, 입양특례법 그리고 여기에서는 다루지 않은 베이비 박스까지…입양과 관련한 이슈가 이렇게나 많다. 각 사안마다 쟁점이 다양하고 찬반 의견이 극명하게 갈리며, 그 속에는 가슴 아픈 사연을 가진 당사자들이 존재한다. 문제 해결을 위해 적극적으로 나서야 한다는 책임감도 들지만 때로 모른 척하고 싶기도 하다. 나는 하루에도 몇 번씩 책임감과 무관심의 사잇길에서 갈등하고 또 결단한다. 고민을 많이 해도 답이 명확한 경우는 별로 없다. 다만, 우리 사회가 아이를 낳아 키우는 것이 지금보다 조금이라도 더 나은 곳이 되기를 바랄 뿐이다.

6 우리는 죽을 때까지 가족

죽음은 피할 수 없지만,
자기가 사랑받는 존재였다는 것을 알고 죽는 것과
그렇지 않은 것은 엄연히 다르다.
_『한나의 선물』 중에서

"낳아 준 엄마도 알까요?"

앞에서 이야기했듯이 나는 그저 세 딸을 둔 평범한 엄마다. 아이를 낳든 입양을 하든 모든 가족에게 중요한 것은 결국 아이와 좋은 관계를 맺고 행복한 추억을 많이 남기는 것이다. 나 또한 세 딸을 키우며 그 과제에 충실하려고 애썼다.

우리 집 세 딸은 어려서부터 각자 개성이 강하고 성향도 달랐다. 그래서 나는 아이에 따라 '맞춤 육아'를 해야 했다. 특히 첫째와 둘째는 나와 남편의 몸을 빌린 같은 공장(?) 제품이었는데도 성향과 성격이 너무나 달랐다. 장단점도 명확했다. 두 아이를 키우며 우리 부부는 아이마다 자기만의 독특한 색깔을 타고난다는 것을 배웠다. 그래서 입양한 아이 역시 그러하리라 예상했다.

두 아이를 키우면서 아이들이 내 마음에 쏙 들게 살아 주지 않는다는 점도 배웠다. 대부분의 아이들은 부모의 기대에 부응해 살지 않는다. 그 과정에서 엄마인 나는 실패도 했으나 나 자신을 많이 돌아봄으로써 다행히 성장도 했다.

예상한 대로 희은이에게는 희은이만의 개성이 있었고, 희은이 또한 나의 기대와는 다르게 행동한 적도 많다. 하지만 이 두 가지 모두 미리 예상했기에 불필요한 고생을 하지 않을 수 있었다.

희은이는 어려서부터 예쁜 외모에 애교 섞인 눈웃음으로 아빠를 사로잡았다. 그 덕분에 셋째 타령을 하던 남편은 명실공히 '딸바보'로 등극했다. 3장에도 썼듯이 영민하고 분위기 파악에 뛰어난 희은이는 입양에 관한 대화도 또래보다 훨씬 잘 나누었다. 한번은 입양에 대한 이야기를 하다가 내가 물었다. "희은아, 엄마랑 이런 이야기하면 희은이 기분이 어때? 무슨 느낌이야?" 희은이는 갑자기 양팔을 나비처럼 펄럭이더니 "아주 시원한 기분이 들지!"라고 하면서 거실을 뛰어다녔다.

그런가 하면 이 아이는 규칙은 반드시 지켜야 하고 물건은 제자리에 두어야 직성이 풀렸다. 어린이집을 다닐 때부터 그랬다. 선생님이 오른쪽으로 걸어 다니라고 하셨는데 친구들이 규칙을 지키지 않는다고 스트레스를 받았고, 새치기를 하는 친구를 정말 싫어했다. 우리 가족은 그런 희은이에게 '경찰'이라는 별명을 지어 주었다.

어느 날 어린이집 선생님이 알림장에 이런 메모를 적어 보내셨다. "희은이가 중간에 없어져서 찾아보았더니 화장실에서 신발 정리를 하고 있더군요. 아마 화장실에서 볼일을 보고 나서 신발들이 어지럽게 놓여 있는 걸 보고 정리를 하고 있었나 봐요. 희은이 덕분에 우리 친구들도 모두 정리 정돈을 잘하기로 했답니다." 너무나 희은이다운 행동이어서 우리 가족은 모두 배꼽을 잡고 웃었다.

희은이는 지저분한 게 눈에 보이는 아이다. (반면 남편과 둘째는 청소하라고 하면 "치울 게 뭐가 있느냐"고 주장한다.) 그래서 청소할 때도 희은이가 제일 많이 거든다. 이런 사람의 특징은 치우지 않는 사람에게 왜 치우지 않느냐고 잔소리를 한다는 것이다. 희은이도 청소 내내 언니들과 아빠를 들볶는다. 어느 날 자기가 맡은 분량 이상의 청소를 깔끔하게 해치운 희은이가 당당하게 말했다.

"낳아 준 엄마도 내가 이렇게 청소 잘하는 줄 알까요?"

"아니, 당연히 모르시지…. 낳아 준 엄마 만나면, 희은이 청소 잘한다고 이야기할게. 그리고 희은이 두발자전거 탄 이야기, 처음 이 뺀 이야기, 수영 배운 이야기, 다 해 줄게. 엄마가 일기에 다 적어 놨어."

내가 흥분한 듯이 과장법을 써 가며 이야기해 주었을 때 희은이 얼굴에 가득 넘치던 그 뿌듯한 표정이란!

"희은이가 잘하는 게 많다는 걸 낳아 준 엄마한테도 자랑하고 싶구나."

이렇게 말하며 나는 희은이를 꼭 안아 주었다.

우리 집에 오는 날부터 콧물이 나던 희은이는 중학생이 된 지금까지도 환절기만 되면 알레르기성 비염으로 고생을 한다. 이것 빼고는 건강한 편이다. 입양부모 대부분은 친생부모 쪽의 유전적 특성을 잘 모른다. 그래서 입양한 아이가 병원 갈 일이 생기면 난감할 때가 많다. 집안의 병력을 적거나 말해야 할 때마다 '아, 이 아이를 내가 입양했지?'라고 느낀다. 입양을 보내는 친생부모 쪽에서 아이를 위해 반드시 가족력을 기록으로 남겨 주는 정책이 마련되면 좋겠다.

아이들에게 필요한 진짜 사랑은

세 아이를 키우면서 그 시기는 모두 달랐으나 한 번쯤 관계가 틀어지고 회복되는 과정을 거쳤다. 큰아이는 초등학교 6학년 들어서면서 사춘기가 시작됐다. '내가 잘 키워서 그런 것'이라는 교만한 생각이 들게 할 정도로 모범적이었던 큰아이는 어느 순간부터 매사에 대들고 큰소리를 내며 엄마, 아빠와 부딪치는 일이 잦아졌다. 막내 입양의 일등공신은 어디론가 사라져 버리고 동생들이 방에 들어오는 것도 싫어했다. 급기야 중학교 2학년 때는 하룻밤 가출까지 감행했다! 그 사건은 나의 양육 노선을 완전히 선회하게 만들었다. '너를 믿는다. 네가 어떤 행동을 하든, 어떤 결정을 하든 나는 너를 믿겠다'라는 쪽으로.

가출한 아이는 다행히 다음 날 아침 안전하게 집에 돌아왔지만 그사이에 내 속은 시커멓게 탔다. 최선을 다해서 사랑했는데 왜 아이가 집을 나갔는지, 내가 뭘 잘못했는지 알 수 없었다. 하지만 최선을 다하면 결과가 좋을 거라는 논리는 순진하고도 낭만적인 환상에 불과할지 모른다. 내 사랑이 다른 이의 마음에 가닿지 못할 수도 있다. 그러니 실망하거나 섭섭해할 이유가 없다. 화를 낼 필요도 없다.

나는 지금까지 나의 만족을 위해 사랑한 걸까? 훌륭한 엄마라는 평가를 얻고 싶어서 아이에게 내 기대를 강요한 걸까? 평소 나는 남편에게 "받는 사람이 원하는 사랑을 주는 것이 진짜 사랑"이라고 말해 왔다. 사랑한다고 아무리 말하면 뭣 할까, 상대가 사랑을 받는다고 느끼지 못하면 '말짱 도루묵'이다. 그런데 혹시 큰아이에게 내가 그런 사랑을 주고 있었던 건 아닐까 하는 생각이 들었다.

물론 그렇다고 할 말이 전혀 없지는 않았다. 나는 분명 아이를 사랑한다고 생각했다. 아니, 사랑했다. 그래서 내가 자라면서 했던 실수를 아이가 되풀이하지 않기를, 내가 돌고 돌아갔던 길을 아이는 빠른 길로 가기를 바란 것이다. 하지만 아이에 대한 이런 기대조차 사실은 나의 좌절된 욕망 그 이상은 아니었다. 느리게 갈지라도, 내가 원하지 않는 길로 갈지라도 아이의 미래는 그 아이만의 독특한 경험과 관계와 시간 속에서 나의 것과는 전혀 별개로 펼쳐질 것이었다. 그 과정에서 아이는 절로 성숙해질 텐데 나는 그것을 인정하지 못했다. '기대'라는 이름의 끈으로 묶어 두지 않으면 그 아이도 나도 나락으로 떨어지지 않을까 조바심 내며, 훨훨 날고 싶은 아이의 날개를 옭아매고 있었는지도 모르겠다.

나는 우리 아이들이 나에게 마음을 닫는 것이 가장 두렵다. 자식이 마음 문을 꼭 닫아걸고 그저 부모를 밥 먹여 주고 돈이나 대 주는 존재로 여긴다면 그보다 불행한 부모가 어디에 있을까? 절박한 마음으로 새벽까지 집앞을 서성이면서 기도하고 청소년 상담 전문가인 후배와 상담하고 거듭 고민하면서, 앞으로는 무조건 아이 편이 되어 주어야겠다고 마음먹었다. 엄마의 변화를 아이도 느끼는 것 같았다. 그리고 고맙게도 마음을 잡기 시작하면서 우리 부부와 부딪치는 횟수가 현저히 줄어들었다.

희은이와의 달콤한 시기는 큰아이보다 훨씬 이른 시기에 끝났다. 물론 희은이는 아기였을 때부터 고집이 세긴 했다. 심사가 틀어지면 아무 데서나 드러눕고 싫은 건 온몸으로 저항했다. 네 살 위 언니는 물론이고 열 살 차이 나는 큰언니와 다퉈도 이길 만큼 목소리가 크고 성격도 강했다.

 그런 희은이에 비해 둘째는 성격이 느긋하고 타인에게도 너그럽다. 타인의 상처와 아픔에도 무척 예민하다. 잘 싸우지 못해 언니에게 치이는 건 기본이었고, 고집 센 동생에게마저 밀렸다. 오죽했으면 내가 "엄마 없을 때 희은이한테 본때를 보여 줘. 네가 언니라는 걸, 까불지 못하게 한번 해 봐"라고 했을까. 그런데도 둘째는 동생을 많이 예뻐했다. 다음 글은 둘째가 1학년 때 쓴 글이다.

내 동생

오늘은 희은이가 세 번이나 울었다.
엘리베이터에서, 마당에서
한대 팍! 때려 주고 싶다.
진짜 내가 동생을 왜 좋아하는지 모르겠다.

희은이는 말귀가 트이고 대화도 가능해지면서 떼가 줄었다. 그랬는데 초등학교에 입학하면서 매사에 나와 부딪치기 시작했다. 일어나서 씻고 학교 갈 준비를 하고, 학교가 끝난 후 집에 돌아와 두어 가지 간단한 숙제를 하는, 반복적 일상을 수행할 때마다 불평과 원망을 쏟아냈다. 어릴 때 보이던 고집과는 달리 마치 사춘기 아이 같았다. 하지만 집에서 온갖 히스테리와 짜증을 부리다가도 학교에서는 모범생이 따로 없었다. 아주 예의 바르고 친절하다는 선생님의 평가에 기가 막혔다. 안과 밖에서 보이는 태도가 천지 차이였다.

『상처받은 아이 양육하기』(*Parenting the Hurt Child*)라는 책에는 "입양부모는 아이의 어떠함에 대해 책임이 없다"는 글귀가 나온다. 희은이가 불평을 쏟아내는 모습에서 내 책임은 무엇이고 내 책임이 아닌 것은 무엇인지 혼란스러웠다. 저자가 말하길, 상처받은 아이들은 부모의 화를 돋우어 자기가 주도권을 쥔다고 생각한다더니 희은이도 그런 것 같았다. 어느새 나는 희은이와 최대한 마주치지 않으려고 애를 쓰고 있었다.

별의별 생각이 다 들었다. '이런 일이 지속되면 앞으로 참 어렵겠다. 이런 상황이 이어지다가 사람들이 파양을 하는 건가?' 입양한 아이를 어떻게 파양을 하나 싶었는데, 혹시 내가 파양한다면 지금까지 이 아이와 함께 살아 준 것을 자위하며 살 수도 있겠다는 아찔한 생각마저 들었다. 희은이는 언니들에게도 날카롭게 대했는데 희연이와 희수가 받는 스트레스를 보고 있자니, 저 아이들에게마저 괜한 부담을 지운 건 아닌가 하는 자책도 들었다.

'자기가 낳은 아이도 아닌데 입양해서 잘 키운다'는 찬사를 기대했던 걸까? '이미 아이 둘을 키웠는데 셋째는 거저 키워야 하는 거 아닌가' 하는 자책은 나 스스로를 더 움츠러들게 만들었다. 남들이 '저거 봐. 결국 남의 아이는 키우기 어려운 거야' 하고 수군거릴까 봐 지레 자존심도 상했다.

도움이 필요했다. 앞으로 희은이를 포기하지 않고(법적으로 가능하지도 않겠지만) 살아가려면 제삼자가 개입해야 할 것 같았다. 필요는 인정했지만 재정적으로나 시간적으로 꽤 많은 에너지가 드는 게 신경 쓰였다. 무엇보다 자존심이 센 나로서는 전문가에게 도움을 청하는 일이 쉽지 않았다. 그러나 시간을 끌면 끌수록 상황이 어려워질 거라는 걸 알았다. 나는 나의 밑바닥을 모두 인정하고 아동심리치료센터에 도움을 청했다.

"실제로 부모와 타인들의 인정을 많이 받았음에도 불구하고 자신이 버림받지 않을까 하는 막연한 불안감을 느끼며 자신에 대한 안정감이 부족하여 심리적으로 취약한 상태임."

당시 희은이가 받은 심리검사 결과의 일부다. 'fragile'이라는 단어가 떠올랐다. 부서지기 쉬운, 깨어지기 쉬운 상태. 희은이가 겪은 친생부모와의 이별, 그 상실감이 우리 부부가 예상한 것보다 클 수 있다는 점을 심리검사를 통해 인식하고 인정했다.

그 후 이렇게 생각을 정리했다. 입양아들이 필연적으로 갖고 살 수밖에 없는 상실감은 입양부모가 초래한 것이 아니다. 입양부모는 아이의 상실감과 결핍까지 받아들인다. 사랑은 그 상실감을 뛰어넘을 수 있다. 가족이 아이 편에서 그 짐을 같이 지는 것이 옆에 아무도 없는 것보다는 훨씬 낫다. 나는 죽을 때까지 희은이의 엄마다!

1년 가까이 놀이 치료를 받으면서 희은이가 그토록 괴로워하던 일상이 조금씩 자리를 잡아 갔다. 일일이 상세하게 지시해야 했던 일과들, 곧 아침에 일어나서 밥 먹고 이 닦고 세수

하는 일 등이 훨씬 쉬워졌다. 희은이는 정해진 시간에 센터를 오가면서 엄마를 독차지하는 것도 매우 만족스러워했다. 센터에서 선생님을 만난 것이 도움이 되었든 시간이 흐르면서 저절로 나은 것이든 희은이와 나는 이 과정을 통해 한 뼘씩은 자란 것 같다.

몸을 움직이는 게 즐거워

희은이 인생에도 결정적 순간이 찾아왔다. 초등학교 2학년 겨울방학을 앞두고 집으로 날아온 안내문 한 장이 있었으니, 체육 프로그램 안내였다. 같은 학군에 속한 학교들이 체육 특기 프로그램을 열었는데 방학 때는 외부 학생에게도 개방한다고 했다. 집에서 조금 떨어진 학교에서 실내운동을 한다는 것에 관심이 생겨 희은이를 데리고 갔다. 종목은 기계체조였다.

첫날부터 희은이는 이 운동을 너무 좋아했다. 프로그램이 끝날 즈음 코치 선생님이 내게 다가왔다. "아이가 재능이 있네요. 기계체조를 가르쳐 보시면 어떨까요?"

자녀들에게 운동을 시켜 본 주위 부모들은 쌍수를 들고 반대했다. '성공할 확률이 너무 적고 돈도 많이 든다'고 했다. 하지만 그런 이유만으로 단칼에 반대할 수가 없었다. 희은이는 운동할 때 반짝반짝 빛이 났다. 그런 희은이를 외면할 수가 없었다. '희은이가 좋아하고, 전문가가 재능이 있다고 한다. 한번 시켜 보자.' 이렇게 단순하게 생각하기로 하니 나도 마음이 편해졌다.

희은이는 근성이 남달랐다. 코치 선생님이 시키는 대로 아주 열심히 연습했다. 누가 보지 않는다고 게으름 피우는 아이가 아니었다. 하지만 안타깝게도 희은이는 운동을 한 지 3년 만에 기계체조를 그만두어야 했다. 척추측만증이 생겼기 때문이다. 자세가 매우 중요한 기계체조 선수에게는 치명적 한계였다.

운동에 쏟는 노력만 보자면 뭐라도 될 것 같았기에 나는 이참에 공부를 해 보자고 운을 뗐다. 그런데 희은이는 몸을 쓰는 게 좋다고 했다. 그러더니 방학 때 일주일간 양궁 프로그램에 참여해 보고서는 양궁을 하고 싶다고 했다. 3년간의 경험으로 운동선수 생활이 쉽지 않음을 알았기에 처음에는 희은이를 말렸다. 하지만 아이의 소망을 꺾을 수는 없었다. 난 희은이 편이니까.

양궁부가 있는 중학교들을 알아보고 감독 선생님들을 만나 상담을 받았다. 그리하여 희은이는 양궁부가 있는 중학교에 진학했다. 희은이는 수업을 마치고 늦은 밤까지 훈련을 한다.

집에 오면 숙제도 해야 하고 문제집도 조금 풀어야 한다. 방학이 되면 쉬기는커녕 특별훈련에 들어간다. 새벽같이 나가 별을 보며 집에 오고, 2주에 한 번씩 합숙 훈련도 한다. 잠이 모자란 아이를 깨워야 하는 아침마다 희은이가 너무 안쓰럽다.

"희은아, 힘들면 그만둬도 돼."

"아니에요. 재밌어요. 계속 할래요."

사실 부모 입장에선 이보다 편할 수가 없다. 자기가 무엇을 좋아하는지, 무엇을 잘하는지 모르는 아이들이 태반인데, 희은이는 하고 싶은 게 있고 그걸 열심히 한다. 나는 옆에서 밥 잘 챙겨 주고 격려만 해 주면 된다. 설령 희은이가 운동선수로 성공하지 않더라도 괜찮다. 무슨 일을 하든지 지금 키워 놓은 체력은 희은이의 기본 덕목이 될 테니까.

입양아의 사춘기는 다를까?

〈오프 앤드 러닝〉(Off and Running)이라는 다큐멘터리가 있다. 미국의 한 입양아가 자신의 정체성을 찾아 가는 과정을 보여 주는 작품이다. 유대인으로서 흑인 남녀 두 아이를 각각 입양해 키우던 두 명의 싱글맘이 동성 커플로 가족을 이룬다. 이들은 후에 한국 남자아이를 더 입양해서, 엄마 두 명에 세 명의 아이들이 가족을 이루고 살아간다.

다큐멘터리 주인공은 에이버리(Avery)라는 흑인 여자아이다. 에이버리는 신생아 때 입양되어 유대인 전통과 문화를 지키며 살았다. 그는 고등학생이며 촉망받는 단거리 달리기 선수였다. 엄마와 '뿌리 찾기'에 관해 자유로운 대화를 나누었고, 그 덕분에 친생모를 찾아 한 차례 편지를 주고받기도 했다. 하지만 친생모와 계속 연락을 주고받고 만나는 것까지 바란 에이버리와 달리, 생모는 한 번의 편지 외에 더 이상의 연락은 원하지 않았다.

에이버리는 이런 생모를 원망한다. 생모와의 관계는 일단 접어 두고 대학 준비에 몰입하기를 바라는 입양엄마와도 갈등이 생긴다. 흑인이자 유대인, 거기에 입양아라는 정체성까지 받아들이기 어려워하면서 에이버리는 위기를 겪는다. 그토록 좋아했던 달리기도 내리막길을 걷는다. 가출을 해서 남자친구와 동거를 하다가 임신을 하고 낙태를 한다. 일련의 아픔을 겪으며 에이버리는 앞으로 어떻게 살아야 하는지 고민하다가 우선순위를 깨닫고 집으로 돌아온다. 입양엄마가 에이버리를 반갑게 맞아 주는 장면을 보여 주며 다큐멘터리는 끝난다.

1년여에 걸쳐 찍은 다큐였다. 영화를 보는 내내 마음을 졸이며 나 역시 입양엄마의 심정으로 에이버리를 지켜보았다. 풀어야 할 인생의 숙제가 많았던 에이버리였다. 흑인이면서도 흑인 또래 친구들 사이에서 괴리감이 있었고, 생모와의 관계에서 기대감이 채워지지 않아 절망했으며, 그 또래 아이들이 그러하듯 미래를 두고 부모와 긴장 섞인 대화를 했다. 이런 에이버리의 고민에 충분히 공감했다.

자녀가 자아를 찾아 독립해 가는 과정을 엄마인 내가 대신 겪어 줄 수는 없는 노릇이다. 오롯이 자식이 겪어 내야 할 일인 줄 알면서도 부모로서 그 과정을 바라보는 게 쉽지만은 않다. 만약 희은이가 에이버리처럼 힘겨운 사춘기를 겪는다면 '나는 이렇게 저렇게 해야지!' 하고 장담할 수 없다. 첫째와 둘째를 키우면서 아이에 관해서는 장담할 수 있는 게 없고 해서도 안 된다는 걸 충분히 배웠기 때문이다.

입양아인 희은이가 사춘기를 어떻게 겪을지 아직은 모르겠다. 2차 성징도 나타났고 어릴 때와는 달리 능글맞게 뺀질거리는 걸 보면 사춘기에 들어선 것 같기도 하다. 주변 입양 가족들을 보면 대체로 입양아라고 해서 그 시기를 별다르게 혹독한 정도로 앓는 것 같지는 않다. 사실 내가 낳은 아이들도 둘 다 화끈한 반항기를 보냈으니까.

그렇다면 장담할 수 없는 미래를 바라보며, 당장 오늘 하루를 어떻게 보내야 할까? **최대한 즐겁게, 서로가 행복하게, 사랑을 주고받으며 사는 수밖에 없다.** 에이버리의 입양엄마처럼 고단한 몸과 맘으로 집에 돌아온 아이를 그저 너른 품으로 안아 주는 것 외에 다른 길은 없다.

희은이는 초등학교 3학년 때 교내 글쓰기 대회에서 다음의 글을 남겼다. 희은이가 글에도 썼듯이, 나는 사춘기를 겪을 희은이, 대학생이 될 희은이, 누군가의 연인 혹은 배우자가 될 희은이 곁에서 우리에게 허락된 시간이 다할 때까지 함께 할 거다. 즐거운 시간을 보내고 행복한 추억을 나누면서.

우리는 죽을 때까지 가족

오늘은 큰언니와 쿠키를 만들었다. 언니는 밀가루와 버터와 설탕, 계란을 마구 뒤섞어서 반죽을 만들었고, 나는 언니와 함께 쿠키 모양을 만들어서 그 위에 예쁜 장식을 했다. 쿠키를 오븐에 넣고 10분 이상을 기다려야 했다. 빨리 먹어 보고 싶은데 시간이 천천히 가는 것 같았다. 드디어 뚜껑을 열고 한 입 깨무니…음…맛이 아주 좋았다. 어떤 때는 큰언니와 매니큐어도 바르고 언니가 어려운 수학 문제도 가르쳐 준다.

나에게는 또 한 명의 언니가 있다. 둘째 언니와는 싸우면서도 친한 친구다. 가끔 둘째 언니는 얄밉게 내 속을 긁어서 나를 화나게 한다. 그렇지만 엄마나 큰언니가 없으면 내 밥도 챙겨 준다. 둘째 언니와는 인형 놀이를 할 때 재미있고 요즘은 피아노를 가르쳐 준다.

우리 가족은 엄마와 아빠, 언니 두 명, 나까지 이렇게 다섯 명이다. 나와 언니들 사이에는 딱 한 가지 차이점이 있다. 언니들은 엄마가 배로 낳았지만 나는 입양으로 한 가족이 되었다. 내가 입양된 것을 알게 된 사람이 내가 입양되어서 불쌍하다고 했다. 그런데 그건 틀린 말이다. 나는 사랑을 듬뿍 받는다. 막내라서 예쁨을 받고, 아빠는 내 애교면 뭐든지 다 해 준다.

작년에는 이런 일이 있었다. 같은 반 친구 한 명에게 내 입양 사실을 이야기했는데, 그 친구가 나와 사이가 멀어지면서 내가 입양되었다고 다른 아이들에게 속닥속닥 떠벌렸다. 나는 그 친구에게 무척 실망했다. 내가 자기한테만 했던 이야기를 여기저기 나쁘게 말하다니…. 하지만 그 친구 생각과는 다르게 나는 입양된 것이 창피하지 않다. 입양은 좋은 일이니까 사람들 말과는 정반대로 널리 알리고 싶다. 그렇지만 사람들이 내 입양 사실을 가지고 수군거리는 건 기분이 좋지 않다.

친구들은 내 입양 사실을 알고 이렇게 말한다. "너는 가짜 엄마, 아빠에게 그냥 엄마, 아빠라고 부르니?" 나는 "당연하지!"라고 대답한다. 입양은 가족이 되는 거니까 엄마, 아빠한테 엄마, 아빠라고 부르는 게 당연하다. 사람들은 당연한 걸 왜 물어볼까? 그리고 사실 사람에게 진짜니 가짜니 말하면 안 되는 거다. 우리 엄마, 아빠가 나를 낳은 것이 아니라 입양했기 때문에 가짜 엄마, 가짜 아빠라면 나도 그럼 가짜 딸이 되는 걸까?

나는 옛날부터 내가 입양된 사실을 알았다. 엄마가 입양에 관한 동화책도 읽어 주셨고 입양에 대해 자세히 말해 주셨기 때문이다. 나를 낳아 준 엄마는 고등학생일 때 나를 낳았고, 너무 어리고 혼자서 키울 만한 상황이 아니라서 나를 입양 보냈다고 들었다. 나는 궁금하다. 나를 낳아 준 엄마는 머리가 길까? 키는 얼만큼 클까? 언젠가는 낳아 준 엄마를 꼭 만나 보고 싶다.

우리 엄마는 나를 잘 먹여 준다. 엄마는 요리를 잘한다. 나는 엄마가 만든 음식 중에 돼지등뼈를 넣은 김치찌개가 제일 좋다. 그런데 엄마는 내 마음을 못 알아줄 때가 많다. 나는 하기 싫은 마음인데 엄마가 하라고 하면 정말 짜증이 난다. 우리 아빠는 나와 잘 놀아 준다. 아빠랑 자전거 타고 여기저기 다니면 속이 시원해진다. 엄마와는 다르게 아빠는 단점이 없다.

나는 지금의 우리 가족과 죽을 때까지 가족으로 함께 살 거다. 가족은 즐거운 시간을 많이 보내고 추억을 나누는 것이다. 그게 가장 중요하다.

선택 뒤에 쏟아진 복

나는 자칭 타칭 '헛똑똑이'다. 똑똑한 척은 다 하면서 정작 중요한 순간에는 미련하기까지 한 결정을 내리며 살았기 때문이다. 이 나이를 먹도록 무언가 결정할 때 이모저모를 살펴보다가 결국 아무 결정도 내리지 못한 경우가 숱하게 많다. 되도록 안전과 안정을 택하는 편인데, 이상하게 아주 모험적인 결정을 내린 적도 몇 번 있다. 이 옷을 살지 저 옷을 살지, 짜장면을 먹을지 짬뽕을 먹을지 결정하지 못하면서, 큰일은 확 저지른달까.

깨어진 가정에서 자란 사람들이 대체로 결혼을 회의적으로 생각하는 것과는 달리, 나는 부모님의 심각한 불화를 보고 자랐으면서도 이상하게 결혼에 대한 기대가 컸다. 사랑하는 사람과 결혼해서 행복하게 살 것에 대한 낭만적 기대감이 있었다. 그만큼 행복한 가족에 대한 열망이 컸던 모양이다. 그래서 무모하게도 사랑 하나만 믿고, 어린 나이에 가난한 기독교 선교단체 간사와 결혼한 것 같다.

둘째를 갖고 싶다고 생각한 것도 지금 생각하면 신기할 따름이다. 유난히 예민한 첫째를 고생하며 키웠으면서도, 겨우 한숨 돌릴 때쯤 이 사랑스러운 아이가 자기 동생과는 어떤 관계의 역학을 만들어 낼지 궁금해졌다. (정말 별일이다. 그게 왜 궁금했을까?) 만성질병으로 약을 한 움큼씩 먹으면서도, 임신은 불가능하다는 의사의 말에 발끈하여 둘째에 대한 소망의 불을 지폈다. 그러고는 기적처럼 둘째를 낳았다. 셋째를 입양할 때도 그랬다. 두 아이 육아에 허덕이던 나는, 처음엔 남편이 원한 일이긴 했지만 한 아이에게 가정을 선물하고 죽어도 좋겠다는 마음으로 일을 저질렀다.

이만큼 시간이 흐르고 나니 주위 사람들이 하나둘 조심스럽게 말한다. 입양을 '좋은' 일이라고 생각해서 적극적으로 만류하진 못했지만, 그때 우리 부부의 '무모한 결정'에 얼마나 옆에서 마음 졸였는지 모른다고 말이다. 믿음이 좋은 건지 철이 없는 건지 그런 우리 부부를 지켜보던 이들은 다행히 마음을 쓸어내렸던 것 같다.

똑똑했으면 힘든 날도 적었을 것이다. 세 아이가 아직 어렸을 때 일이다. 그날도 무척 우울했다. 큰아이는 수학문제집을 들고 와서 모르는 문제를 풀어 달라고 하고, 둘째는 바깥놀이를 충분히 하지 못해 몸부림을 치며 짜증을 냈다. 아직 기저

귀도 떼지 못한 막내의 기저귀를 갈아 주며 나는 한숨을 쉬었다. 이런 나를 바라보며 외동아이를 키우는 선배가 "그러게, 왜 사서 고생을 하니?"라며 혀를 찼다. 그랬다. 결혼과 세 아이 모두 내가 자초한 일이었다. 내가 한 선택으로 내가 고생하고 있으니 할 말이 없었다. 정말 우울한 날이었다.

그날 밤, 희은이를 재우려고 같이 누웠다. 조용히 찬양을 하던 중에 이런 가사가 나왔다.

"하나님은 우리를 긍휼히 여기사 우리에게 큰 복을 쏟아 주시네."

갑자기 목울대가 뻐근해졌다. 똑똑하지 못한 내 뒤에서 천만다행으로 하나님이 큰 복을 폭포수처럼 쏟아부어 주신다는 느낌이 들었다! 똑똑했으면 결혼도, 가족을 이루는 것도 못했을 테고 보배 같은 세 딸들도 만나지 못했을 것이다. 그때 희은이가 자주 사용하는 표현대로 내 "눈에서 눈물이 똑 하고" 떨어졌다.

세 아이를 키우다가 힘들면 꺼내 드는 책이 있다. 머라이어 하우스덴(Maria Housden)의 『한나의 선물』(해냄)이라는 책이다. 상상조차 하기 싫은 죽음이 있다면 그건 내 아이가 나보다 먼저 세상을 떠나는 일일 것이다. "자식이 죽으면 가슴에 묻는다"는 말은 가슴 한복판에 결코 치유될 수 없는 통증을 안고 산다는 의미 아닐까.

이 책의 저자는 어린 딸 한나를 소아암으로 떠나보냈다. 보통 이런 종류의 투병기나 간병기는 주로 감성에 호소해서 눈물을 뽑아내는 데 집중하지만 이 책은 다르다. 책 표지에 놓인 빨간 구두를 모티브로, 짧은 인생을 사는 동안 아이가 보여 준 사랑과 기쁨, 일상의 아름다움을 서술한다. 저자와 번역자의 뛰어난 표현력과 깊은 통찰력 덕분에 어린 한나의 죽음에 절로 가슴이 먹먹해지기도 했다가 어느 순간 내 남은 생을 잘 살아가고 싶은 열망을 불러일으키는 책이다.

한나의 엄마는 딸의 죽음을 통해 삶에 대한 깨달음을 얻는다. 진정한 삶의 기준은 얼마나 오래 사는가가 아니라 얼마나 '충만한 삶'을 살았는가 하는 점이다. 바로 이런 깨달음이, 한나가 우리 모두에게 전하는 마지막 선물이다. **"죽음은 피할 수 없지만, 자기가 사랑받는 존재였다는 것을 알고 죽는 것과 그렇지 않은 것은 엄연히 다르다"**고 저자는 말한다.

내가 낳아서 혹은 입양해서 우리 부부의 딸이 되어 준 세 아이, 나는 내 딸들이 이렇게 사랑받으며 자랐고 지금도 사랑받는 존재라는 것을 알게 해 주고 싶다. 그게 이 아이들의 엄마인 나의 소망이다. 이 딸들이 사랑받은 존재로서 충만한 삶을 살아가는 모습을 눈으로 확인하며 그 곁에 머물고 싶다.

오늘 희은이가 좋아하는 돼지등뼈를 넣은 김치찌개를 끓였다. 양궁 훈련을 마치고 돌아와 맛있게 먹을 희은이가 벌써부터 보고 싶다.

희은이에게 띄우는 아빠의 편지

사랑하는 막내딸 희은아.

2004년 8월 28일, 너를 처음 만나러 가던 날이 아빠는 어제 일처럼 기억나는구나. 하늘은 푸르렀고 내 가슴은 설레었지. 대전에 살 때라 희은이가 있는 광주의 입양 기관까지 다은 언니네 차로 두 집이 함께 갔는데, 가는 길에 영주 삼촌과 이야기를 나누다가 울컥 가슴이 벅차올랐어. 아빠가 이렇게 감격스러운 삶을 살게 될 줄 몰랐거든.

아빠는 아빠 인생에 큰 기대가 없었던 사람이야. 가난한 집에서 태어나 장애를 갖고 자라면서 아빠 자신과 삶에 대해 별 기대를 안 했던 것 같아. 그런데 그날 차 안에서 문득 사랑하는 두 딸로 인해 내가 이미 행복한 사람이고, 앞으로 가족이 될 한 아이를 만나러 간다는 사실이 믿기지 않을 만큼 설레어서 감격스러웠던 거야.

아빠들은 대개 입양에 소극적이거나 무관심한 경우가 많지만, 우리 집은 아빠가 먼저 엄마에게 입양을 하자고 했어. 원래는 셋째를 낳자고 했다가 엄마한테 완전히 무시를 당해서 전략을 바꿨지. 그럼 입양하자고. 그랬더니 엄마가 반대를 못 하더라! 지금 생각해 보면 그게 신의 한 수였어. 그 전략 때문에 우리가 이렇게 가족이 된 거니까. 사실 아빠가 애기들 너무 좋아하는 거 너도 알잖아. 셋째를 낳지 않을 거면 입양하자고 아빠는 쉽게 말했지만, 엄마는 고민을 정말 많이 했어. 그래도 엄마가 마음을 정하고 나니까 희은이를 만나기까지 모든 일이 빠르게 진행됐단다.

그리고 희은이가 드디어 집에 왔지. 아빠는 그때부터 희은이 사진을 엄청 찍었어. 너무 예뻤거든. 순간순간이 너무 소중해서 너와 함께하는 모든 순간을 간직하고 싶었어. 무엇보다 넌 엄마, 아빠 유전자로는 나올 수 없는 미모였잖아? (지금은 그 미모가 어디로 간 걸까? ㅎㅎ) 네가 하도 예쁘고 또랑또랑하니 다들 외모 보고 데려왔다고 놀릴 정도였단다. 우리가 선택한 게 아니라 입양 기관에서 우리 가족과 너를 맺어 준 거라고 설명해도 소용이 없었어. 다들 질투한 거야. 우리가 이해하자.

희은이 네가 아빠교 교주였던 거 기억나? 네가 다섯 살 때였지. 차를 타고 가다가 엄마랑 언니들이 아빠 과속한다고 난리 부릴 때 희은이가 배에 힘 딱 주고 "나도 무서운데 참고 있거든!" 이렇게 한마디 해서 평정시켜 준 것, 아직도 고맙게 생각해. 3학년 때 쓴 글에서 "아빠는 내 애교면 뭐든지 다 해 준다"고 한 것, 까미 산책시킬 때 제일 기쁘게 따라나선 것 모두 고마워. 자전거 좋아하는 아빠 따라 한강에 제일 많이 간 사람도 희은이고, 몇 년 전 어린이날에는 무려 40킬로미터를 꿋꿋하게 달려서 아빠를 놀라게 했지. 희은이 자전거가 아빠 것보다 무거웠는데도 말이야. 그런 희은이를 아빠는 사랑해.

그런데 아빠가 고백할 게 있어. 네가 아빠랑 데이트할 때면 아빠 손 잡고 재잘재잘 네 이야기를 풀어놓잖아? 운동하면서 받는 스트레스, 친구들이랑 있었던 짜증 나는 일들을 이야기하는 시간이니 아빠가 이해는 해. 그런데 사실대로 말하자면 네가 말이 너무 많아서 그냥 한 귀로 듣고 한 귀로 흘려보낼 때도 많았어. 그때는 말하지 못했는데 이제 와서 고백한다.

그러고 보니 우리가 단독주택에 살 때 겨울에 눈이 내리면 집 앞의 눈을 직접 쓸어야 했는데, 그때도 가장 열심히 또 즐겁게 도와준 사람이 너야. 아빠는 초등학생 희은이가 그때 한 말이 참 인상 깊었단다. "이런 게 사는 재미죠!" 아빠한테는 딸이 이미 둘이나 있었지만 희은이는 여러 모로 새로운 기쁨이었어.

아빠가 희은이한테 고마운 게 또 있어. 2014년 4월 16일에 세월호 참사가 있었지? 아빠는 그 참사로 인해 너무나 힘이 들었어. 주말에 진상 규명을 위한 시위에 참석하고 유족들의 슬픔을 위로하려고 했지만 마음은 여전히 힘들었지. 그래서 8월에는 뭐라도 해야겠다는 생각으로 동네에서 세월호 특별법 제정을 위한 서명 캠페인을 벌이기로 했어.

같이 가자고 했을 때 언니들은 머뭇거렸지만 희은이는 아빠랑 같이 나섰지. 접이식 테이블, 의자, 서명 용지, 펜을 챙겨 동네 마트 앞에 테이블을 펼쳐 놓고 주민들의 서명을 함께 받으면서 아빠는 희은이가 얼마나 든든했는지 몰라. 어린 희은이가 아빠에게 이렇게나 믿음직한 존재가 될 수 있다는 생각에 정말 고맙고 뿌듯했어.

희은이를 입양한 인연으로 아빠는 여러 해외 입양인을 만났단다. 그중 해외로 입양되었던 딸이 한국에 와서 아버지를 처음 만나는 자리에 통역하러 간 기억은 잊을 수가 없구나. 그 아버지는 고등학생 때 같은 동네 여학생을 좋아했다가 임신을 하게 되었는데 부모님들이 낙태하라고 했음에도 불구하고 출산을 해서 입양 보낸 거야. 두 사람은 결국 헤어졌고 각자 따로 결혼했다네.

한번도 만나 보지 못한 딸이 너무 보고 싶었던 아버지는 오랫동안 수소문한 끝에 미국으로 입양 간 딸과 연락이 닿았어. 얼마나 떨렸을까? 그렇게 보고 싶었던 딸을 만나게 되었으니 말이야. 바로 그 자리에 아빠가 통역을 하러 간 거야. 그날 그 아버지와 딸은 서로 가슴 먹먹해하면서도 어색하게 만났어. 그 딸 손목에 남아 있던 여러 줄의 칼자국이 아빠는 지금도 생각나. 그 언니는 스스로 목숨을 끊으려고 시도할 만큼 삶이 힘겨웠나 봐.

그 일로 아빠는 배운 게 많아. 희은이가 우리에게는 큰 기쁨이고 입양이 우리에게는 말로 다 표현 못할 축복이지만, 누군가에게는 이유를 알 수 없는 우울과 상실의 이유가 될 수 있다는 걸 깨달았지. 아빠는 아이들이 시설에서 자라는 것보다는 입양되어 가정에서 자라는 것이 훨씬 더 좋다고 믿어. 하지만 낳아 준 엄마, 아빠가 비록 결혼하지 않은 상태라 해도 아이를 키울 수 있는 사회, 그런 미혼부모를 사람들이 잘 받아 주는 사회가 되면 좋겠어. 아빠는 그 입양인 생각이 지금도 가끔 난단다. 그 언니가 자기 삶을 이해하고 받아들이면서 행복해지길 희은이도 같이 기도해 주렴.

희은아, 네 덕분에 여러 가정에서 입양을 결심한 것 아니?

너를 보면서 입양이 평범한 일이고, 특별한 사람들만 하는 게 아니란 걸 알게 됐을 거야. 다른 사람들에게 영감과 용기를 줄 수 있는 삶을 산다는 것은 참 영광스러운 경험인데, 그걸 희은이는 벌써 경험했네. 가족이 된다는 건 정말 특별한 복이고 한번 결정하면 되돌릴 수 없지. 사실 도망가거나 되돌릴 수 없는 결정을 한다는 건 무모하기도 해. 결혼이 그런 모험이고 입양도 마찬가지겠지. 그래서 결혼하고 입양한 후에 잘못 결정한 건 아닐까 후회하는 사람들도 있을 거야.

그런데 도망갈 수 없는 그 울타리가 결국 우리를 성숙시키고 새로운 은혜를 얻게 한다고 아빠는 믿어. 그래서 고통과 수고는 의미 있는 인생의 수업료 같은 역할을 하는 거지. 사실 희은이 때문에 기쁨만 있었던 건 아니야. 힘들 때도 있었고 짜증 나거나 속상할 때도 있었지만 가족이라는 울타리 안에서 함께 지내는 동안 아빠도 희은이도 그런 어려움을 겪으며 많이 자란 것 같아. 그래서 감사해.

희은이는 이제 어린이가 아니고 매우 주체적이고 똘똘한 청소년이 됐어. 사춘기 때문인지 요즘 엄마, 아빠를 당황하게 할 때가 많고 그래서 우리를 성숙시키는 큰일(!)을 희은이가 하고 있지. 하나님과 신앙에 대해 나름의 고민을 거쳐 요즘 희은이는 교회에 안 다니는 중인데 엄마, 아빠는 걱정하지 않는단다. 희은이의 관찰력과 생각을 존중하고 기도하면서 기다리기로 했거든. 마음껏 탐색해 보고 나름대로 고민하는 시간을 가져. 때가 있을 거라고 믿어.

너를 키우며 울고 웃던 지난날들을 돌아보며 문득 한 가지 깨달은 점이 있어. 우리가 너에게 가정을 선물한 게 아니라 네가 우리에게 가정을 선물했다는 점이야. 희은이 덕분에 우리 가정은 더 넓고 깊이 생각하며 살아가는 가정이 되었고, 이건 희은이 때문에 얻게 된 소중한 선물이야. 입양은 이렇게 우여곡절을 겪으며 온전한 가정을 경험하고 서로에게 좋은 선물이 되어 주는 경험이 아닐까 싶어.

앞으로도 아빠는 희은이 애교면 뭐든지 다 해 주는 딸바보로 살 것 같아. 앞으로 희은이가 살아갈 인생을 응원하고, 희은이의 삶이 스스로도 행복하고 남들 보기에도 아름다운 삶이 되길 축복한다. 사랑해 희은아!

딸바보 아빠가.

이 책의 주인공 희은이입니다

엄마의 부탁으로 이 글을 쓴다. 우리 엄마는 이 책 『너라는 우주를 만나』의 저자고, 나는 책 제목에 나오는 우주, 즉 세 명의 딸 중 제일 사랑받고 자란 막내딸 김희은이다. 책을 읽어 보면 다들 알겠지만 나는 입양되었다.

입양을 생각하면 좋은 추억과 나쁜 기억이 모두 있다. 나는 어렸을 때부터 입양 가족 모임에 다녔고, 입양된 다른 친구들과도 즐겁게 놀았다. 반면 입양되었다는 사실 때문에 친구들이 나를 멀리하거나 편견을 갖고 상처가 되는 말을 해서 기분이 나빴던 적도 있다. 하지만 입양은 가족이 되는 또 하나의 방법이라고 엄마가 알려 주셨고 잘못된 것이 아니기 때문에 숨겨야 할 이유가 없다. 오히려 내 입양 사실을 공개해서 입양이 무엇인지 잘 모르는 사람들에게 알려 주고 싶다.

내가 입양을 선택한 것이 아니기 때문에 가끔 이런저런 상상을 해 본다. 예를 들어, 나를 낳아 준 부모님과 살았으면 어땠을까? 과연 지금처럼 행복할 수 있을까? 만약 내가 외동으로 입양되었다면 더 사랑받았을까?

나는 어렸을 때부터 성격이 까칠했는데 두 명의 언니들과 같이 살면서 성격이 좀 순해진 것 같다. 만약 외동으로 자랐으면 까칠한 성격 때문에 친구도 없이 학교에서 급식을 혼자 먹고 있을지도 모르겠다. 우리 반에 공부 잘하는 친구가 있는데 그 친구는 학원을 많이 다닌다. 만약 그런 집에 입양되었다면 지금쯤 다크 서클이 무럭무럭 자라고 있을 것 같다.

김중미 선생님의 『모두 깜언』(창비)이라는 책을 읽고 독서 감상문을 쓰는 수행평가를 한 적이 있다. 주인공 유정이는 구순구개열을 가지고 태어나서 친구들한테 놀림을 받았고, 친구들은 유정이를 멀리한다. 나도 입양되어서 이런 일을 겪어 보았기 때문에 다른 친구들보다 유정이의 마음에 쉽게 공감할 수 있었다. 그 덕분에 독서 감상문도 잘 쓸 수 있었다. 입양된 것이 이렇게 도움이 될 줄이야! 이런 건 상상하지 못한 일이다.

이 책에는 내가 어렸을 때 엄마와 나눈 대화들이 나온다. 엄마가 그걸 다 기억하고 기록해 두었다가 글을 썼다는 것이 약간 감동적이다. 내가 3학년 때 쓴 "우리 가족"이라는 글도 나오는데 거기에 "엄마와는 다르게 아빠는 단점이 없다"라는 구절이 있다. 여기서 "아빠도 엄마 못지않게 단점이 많다"로 정정한다.

엄마의 책이기 때문에 내가 길게 쓰지 않으려고 한다. 입양에 대한 저의 이야기 2탄이 궁금하다면 따로 연락 주시기 바랍니다.

저자 추천 입양 도서 | 입양 기관 및 모임 안내

◆ 유아-초등 저학년

가족이 되었어요 임정진 글 | 이갑규 그림 | 중앙입양원

그렇게 네가 왔고 우리는 가족이 되었단다 안네테 힐데브란트 글 | 알무드 쿠네르트 그림 | 뜨인돌어린이

너, 누구 닮았니? 로리 뮈라이 글 | 오딜 에렌 그림 | 비룡소

빨간실 그레이스 린 글·그림 | 샘물지기

악어오리 구지구지 천즈위엔 글·그림 | 예림당

엄마가 되어 줄게 마거릿 와일드 글 | 테리 덴톤 그림 | 해솔

엄마 아빠, 나 여기 있어요 로렝스 아파노 글·그림 | 크레용하우스

엄마 아빠가 생긴 날 제이미 리 커티스 글 | 로라 코넬 그림 | 비룡소

엄마 아빠를 기다려요 엥그리 샤베르 글 | 스테파니 오귀소 그림 | 샘물지기

영원히 널 사랑할 거란다 미야니시 다쓰야 글·그림 | 달리

입양아 야콥의 빨간책 이야기 프란츠 요제프 후아이니크 글 | 베레나 호흐라이트너 그림 | 창조아이

입양아 올리비아 공주 린다 그리바 글 | 셰일라 스탕가 그림 | 아름다운사람들

진짜 동생 제랄드 스테르 글 | 프레데릭 스테르 그림 | 바람의아이들

초코 엄마 좀 찾아 주세요! 게이코 가스자 글·그림 | 보물창고

펭귄엄마 드래곤 데비 글리오리 글·그림 | 샘물지기

◆ 초등 고학년

고슴도치 아이 카타지나 코토프스카 글·그림 | 보림

나를 찾아 줘 은이정 글 | 김경희 그림 | 함께자람

내 가슴에 해마가 산다 김려령 글 | 노석미 그림 | 문학동네어린이

너는 특별해 조운 링가드 글 | 폴 하워드 그림 | 베틀북

이젠 비밀이 아니야 유정이 글 | 원유미 그림 | 푸른책들

한국에서 부란이 서란이가 왔어요 요란 슐츠·모니카 슐츠 글·그림 | 고래이야기

◆ **청소년 이상**

가족 꽃이 피었습니다 입양 가족 글 | 홍성사

걸은 노란 파트릭 종대 룬드베리 글 | 솔빛길

공개 입양 가족의 적응 권지성 글 | 나눔의집

나는 누구인가? 찰린 C. 지아네티 글 | 반디출판사

내 딸의 엄마에게 이정애 글 | 동녘라이프

불임, 임신, 입양 상담 에버릿 워딩톤 글 | 두란노

뿌르꾸아 빠 무아! 장-뱅상 플라세·로돌프 게슬레르 글 | 리에종

세상의 모든 소린이에게 김지영 글 | 오마이북

세상의 모든 아이는 가정을 가질 권리가 있습니다 박창우 글 | 홍성사

오늘부터 엄마 이창미 글 | 샘터사

입양 성공의 요건 배태순 글 | 경남대학교출판부

집으로 가는 길 띠너꺼 헨드릭스 글 | 사계절

피부색깔 = 꿀색 전정식 글·그림 | 이미지프레임

하나네 집으로 놀러 오세요 한연희 글 | 행복한책읽기

할머니 의사 청진기를 놓다 조병국 글 | 삼성출판사

해외 입양과 한국 민족주의 토마스 휘비네트 글 | 소나무

◆ **입양 절차 안내**

중앙입양원 www.kadoption.or.kr

◆ **입양 가족 모임**

한국입양홍보회 www.mpak.org
홀트 한사랑회 cafe.daum.net/holtfm
대한 미쁜울 cafe.naver.com/mibbun
동방 한마음부모회 cafe.naver.com/easternhanmaum
건강한 입양가족모임(건모) cafe.naver.com/greenmpak
참사랑 부모 모임(참사모) cafe.daum.net/happyadoption

너라는 우주를 만나

초판 발행_ 2018년 2월 22일
초판 4쇄_ 2024년 5월 30일

지은이_ 김경아
펴낸이_ 정모세

펴낸곳_ 한국기독학생회출판부
등록번호_ 제2001-000198호(1978.6.1)
주소_ 04031 서울시 마포구 동교로 156-10
대표 전화_ (02)337-2257 팩스_ (02)337-2258
영업 전화_ (02)338-2282 팩스_ 080-915-1515
홈페이지_ http://www.ivp.co.kr 이메일_ ivp@ivp.co.kr
ISBN 978-89-328-1613-5

ⓒ 김경아 2018

책값은 뒤표지에 있습니다.
무단 전재와 복제를 금합니다.